TARIF RAISONNÉ

DES OUVRAGES DE

COUVERTURE ET PLOMBERIE

A L'USAGE

DE MM. LES ENTREPRENEURS, MÉTREURS ET VÉRIFICATEURS

PAR

CHEDVILLE ET THUILLIER Aîné

MÉTREURS-VÉRIFICATEURS

ÉDITION DE 1869. — PRIX : { broché. . . . . 6 francs.
cartonné . . . . 7 francs.

PARIS

SE TROUVE CHEZ MM. { CHEDVILLE, 93, rue Nollet (Batignolles).
THUILLIER Aîné, 2, rue des Quatre-Fils.
COSSE, MARCHAL et Ce Éditeurs, 27, Place Dauphine.

1869

PRÉFACE

Au milieu des embarras créés à l'industrie du bâtiment par la réglementation trop souvent inintelligente de ses travaux, chacun se plaint à bon droit d'un état de choses également nuisible aux intérêts et à la considération des agents producteurs ou régulateurs de cette industrie.

Chacun se plaint, s'agite, proteste, récrimine; quant aux moyens d'améliorer la situation, les faibles efforts tentés jusqu'à présent ont obtenu si peu de succès, qu'il semble inutile, imprudent même aux parties les plus intéressées de prolonger la lutte.

Mais, pour si timides que soient les uns, si découragés que soient les autres, leur droit n'existe pas moins, patent, absolu, imprescriptible; et, c'est dans le but de le révéler à ceux qui l'ignorent, d'en propager la notion, de l'affirmer et le prouver à ceux qui le disputent, que nous publions aujourd'hui le TARIF RAISONNÉ DES OUVRAGES DE COUVERTURE ET PLOMBERIE.

Comme feu M. Morel, auteur de la Série de Prix adoptée et continuée par la Préfecture de la Seine, comme les continuateurs et imitateurs de M. Morel, nous étions fondés à créer une Série de Prix selon nos convictions et notre expérience, et l'on verra par le résumé de notre ouvrage que la matière ne nous manquait pas; mais il s'agissait d'autre chose que de suivre la voie facile et facilement suivie de nos devanciers, que d'ajouter notre opinion personnelle aux vues personnelles d'auteurs dont nous apprécions d'ailleurs les bonnes intentions : il s'agissait de dépouiller certaines parties de l'entreprise des abus qui la discréditent, de la soustraire à l'arbitraire qui l'opprime, de la pourvoir d'un contrôle acceptable, de lui assurer le rang moral qui lui appartient, enfin de l'asseoir sur la seule base qui lui convienne :

La vérité!

Qu'avons-nous fait pour cela?

Sous le titre de *Tarif raisonné*, nous avons rédigé un programme, une compilation, si l'on veut, dont les éléments, empruntés aux sources les moins suspectes, aux documents les plus authentiques, ont été reconnus vrais et honorés des approbations les plus compétentes. Nous n'avons point voulu faire une œuvre d'imagination; aussi, tous les articles du Tarif susceptibles d'une analyse (478 sur 1044) ont-ils été établis au moyen de sous-détails minutieusement étudiés.

Des aperçus nouveaux y sont exposés avec annotations et preuves logiques; enfin, sa nomenclature comporte des objets dont la mention n'existe nulle part ailleurs, et dont, néanmoins la valeur est scrupuleusement tarifée.

MM. les entrepreneurs y trouveront des sous-détails pour le prompt raisonnement de leurs devis; les mêmes sous-détails guideront sûrement MM. les vérificateurs dans leurs appréciations; en outre, les jeunes commis y puiseront des connaissances dont le défaut cause souvent à leurs patrons un préjudice considérable.

En principe, l'ouvrage n'était point destiné à une seconde édition. Néanmoins, après avoir mûrement réfléchi, et attendu le caractère durable que nous lui avons donné par une sorte de mécanisme, *à l'aide duquel chacun peut établir et modifier les prix suivant le temps, le lieu et les circonstances d'exécution des travaux et fournitures*, nous avons pensé qu'une seconde édition pourrait devenir nécessaire et nous en acceptons la tâche d'avance.

A cet effet, nous en appelons à la bonne volonté de MM. les entrepreneurs, métreurs, vérificateurs et architectes. Nous leur demandons instamment leurs avis, adhésions ou observations quelconques; toute critique sérieuse sera bien venue, accueillie avec gratitude; nous nous engageons à tenir scrupuleusement compte des réfutations aussi bien que des plus simples approbations. En un mot, c'est un vote que nous demandons aux personnes de bonne foi qui s'intéressent à l'industrie du bâtiment et qui voudraient son organisation plus conforme aux principes de l'équité.

CHEDVILLE,
THUILLIER Aîné.

Paris, février 1869.

PREMIÈRE PARTIE

TARIF

N. B. — Les 478 premiers articles du présent Tarif, c'est-à-dire, tous ceux comportant des sous-détails, sont analysés dans la deuxième partie de l'ouvrage.

Les numéros des sous-détails sont exactement les mêmes que ceux du Tarif.

NUMÉROS D'ORDRE.	DÉSIGNATION.	PRIX.	OBSERVATIONS.
		fr. c.	
	Couverture en Ardoises et en Tuiles.		
	FOURNITURES		
	Bénéfice compris mais non compris transport à pied d'œuvre.		
1	ARDOISES : anglaises n° 1 .... le mille.	346 50	
2	id. n° 2 .... id...	321 20	
3	id. n° 3 .... id...	266 20	
4	id. n° 4 .... id...	212 30	
5	id. n° 5 .... id...	171 60	
6	id. n° 6 .... id...	150 70	
7	id. n° 7 .... id...	115 50	
8	id. n° 8 .... id...	93 50	
9	id. n° 9 .... id...	82 50	
10	id. n° 10 .... id...	60 50	
11	grandes carrées, d'Angers et de Rimogne, 1er modèle..... id...	55 00	
12	id. id. id. 2e modèle..... id...	50 60	
13	cartelettes d'Angers et de Rimogne .... id...	39 60	
14	de Fumay, grandes carrées .... id...	39 60	
15	TUILES : plates de Bourgogne, grand moule, neuves .... id...	110 00	
16	id. grand moule, vieilles .... id...	55 00	
17	id. petit moule, neuves .... id...	71 50	
18	creuses de Bourgogne de 0,16 de diamètre et 0,30 de longr. id...	176 00	
19	à emboîtement, système Muller (y compris demi-tuiles)... id...	206 80	
20	id. de Montchanin (idem) .... id...	239 80	
21	FAITIÈRES : de Bourgogne, ordinaires .... le cent.	55 00	
22	de Bourgogne, à bourrelet .... id...	66 00	
23	Id. et tuiles arêtières système Muller, ordinaires .... id...	50 00	
24	id. système Muller, à bourrelet .... id...	85 00	
25	id. de Montchanin unies, à bourrelet...... id...	70 00	
26	id de Montchanin, losangées .... id...	90 00	
27	CLOUS : en cuivre rouge pour ardoises anglaises .... le kilog.	5 50	
28	en fer pour ardoises ordinaires .... id...	1 65	
29	à voliges .... id...	1 10	
30	à lattes .... id...	1 21	
31	mariniers .... id...	1 21	
32	LATTES en cœur de chêne .... la pièce.	0 034	
33	VOLIGES en sapin, champlattées de 0.08 de largeur, pr ardoise anglaise, le mètre.	0 22	
34	Id. en peuplier de 0.013 d'épaisseur .... la pièce.	0 265	
35	LITEAUX en sapin pour tuiles à emboîtement .... le mètre.	0 07	
36	PLATRE .... le mèt. cube.	19 25	

NUMÉROS D'ORDRE.	DÉSIGNATION.	PRIX.	OBSERVATIONS.
		fr. c.	
	JOURNÉES.		
37	De compagnon couvreur	7 90	
38	D'aide-couvreur	5 40	
39	De gardien de rue	4 30	
	Couverture en Ardoises.		
	OUVRAGES AU MÈTRE SUPERFICIEL.		
	ARDOISES anglaises neuves sur voliges neuves en sapin :		
40	n° 1	5 35	
41	n° 2	5 35	
42	n° 3	5 30	
43	n° 4	5 40	
44	n° 5	5 70	
45	n° 6	5 96	
	Id. anglaises non fournies, sur voliges neuves en sapin :		***Observations générales concernant la Couverture en ardoises.***
46	n° 1	1 85	Lorsque les voliges proviendront de découverture, leur réemploi donnera lieu à une plus-value de 0.10 par mètre superficiel pour triage des voliges et extraction de leurs vieux clous.
47	n° 2	1 85	
48	n° 3	1 90	
49	n° 4	2 20	
50	n° 5	2 50	
51	n° 6	2 70	
	Id. anglaises non fournies, sur voliges non fournies, clous fournis :		Lorsque les ardoises proviendront de découverture et auront dû être retaillées pour être réemployées, le prix du mètre augmentera dans la proportion du nombre d'ardoises qui excédera la quantité normale de chaque espèce de couverture, et la retaille sera assimilée aux tranchis de l'espèce à laquelle elle appartiendra.
52	n° 1	1 00	
53	n° 2	1 00	
54	n° 3	1 10	
55	n° 4	1 25	
56	n° 5	1 45	
57	n° 6	1 50	Les enduits faits sous couverture en ardoises seront comptés séparément au mètre superficiel.
	Id. anglaises à façon, y compris voligeage mais sans aucune fourniture :		
58	n° 1	0 70	
59	n° 2	0 70	
60	n° 3	0 70	
61	n° 4	0 75	
62	n° 5	0 90	
63	n° 6	0 90	
	Id. anglaises à façon sur voligeage non recloué, clous non fournis :		
64	n° 1	0 60	
65	n° 2	0 60	
66	n° 3	0 60	
67	n° 4	0 65	
68	n° 5	0 65	
69	n° 6	0 65	
	Id. grandes carrées d'Angers et de Rimogne :		
70	2e modèle neuves sur voliges neuves de 0.013 d'épaisseur	4 90	
71	id. sur voliges demi-neuves demi-vieilles clouées	4 45	
72	id. sur voliges vieilles reclouées	4 05	
73	id. sur voliges en partie reclouées	3 85	
74	id. sur voliges non reclouées ou sur vieux plâtre	3 65	
75	1er modèle neuves mêmes prix que ci-dessus augmentés de	0 12	
	Id. grandes carrées, de toutes provenances non fournies :		
76	sur voliges neuves de 0.013 d'épaisseur	2 65	
77	sur voliges demi-neuves demi-vieilles clouées	2 20	
78	sur voliges vieilles reclouées	1 80	
79	sur voliges en partie reclouées	1 60	
80	sur voliges non clouées ou sur vieux plâtre	1 40	

NUMÉROS D'ORDRE.	DÉSIGNATION.	PRIX.	OBSERVATIONS.
	ARDOISES grandes carrées, de toutes provenances non fournies (*Suite*) :		
	sans aucune espèce de fourniture :		
81	avec voligeage..............................	1 55	
82	sans voligeage..............................	1 30	
	Id. cartelettes neuves :		
83	sur voliges neuves de 0.013 d'épaisseur.....................	6 40	
84	sur voliges demi-neuves demi-vieilles clouées.................	6 00	
85	sur voliges vieilles reclouées..............................	5 55	
86	sur voliges en partie reclouées...........................	5 40	
87	sur voliges non clouées ou sur vieux plâtre..................	5 20	
	Id. cartelettes non fournies :		
88	sur voliges neuves de 0.013 d'épaisseur.....................	3 15	
89	sur voliges demi-neuves demi-vieilles reclouées...............	2 75	
90	sur voliges vieilles reclouées...	2 30	
91	sur voliges partiellement reclouées.........................	2 10	
92	sur voliges non reclouées ou sur vieux plâtre................	1 95	
	pour main-d'œuvre seulement :		
93	avec voligeage..............................	1 95	
94	sans voligeage..............................	1 65	
	Id. de Fumay neuves :		
95	moins-value sur les prix d'ardoises grandes carrées	0 50	
96	moins-value sur les prix d'ardoises cartelettes................	0 70	
	PLUS-VALUE sur les prix de couverture en ardoise :		
97	pour couverture circulaire en plan et en élévation, à simple et double courbure ; à calculer sur place :		
	1° suivant la difficulté du battage des traits......	à évaluer sur place.	
	2° d'après la quantité d'ardoises excédant la quantité normale par mètre superficiel, pour excédant de main-d'œuvre et de fourniture de clous.	id.	
	3° à raison du déchet causé par la retaille des ardoises y compris main-d'œuvre des tranchis....	id.	
	4° pour cintrage des voliges au moyen de traits de scie..................................	id.	
	5° enfin pour délardement ou élégissement des voliges..................................	id.	
98	pour couverture de combles à pente rapide exigeant l'emploi et le déplacement successif d'échafaudages.................	id.	
98 (bis)	pour emploi, dans les couvertures remaniées, d'une quantité d'ardoises excédant la quantité normale......................	id.	
99	pour travaux faits en réparation et en petites parties..........	id.	
100	pour construction et démolition d'échafauds volants dans les réparations peu importantes..............................	id.	
101	pour taille d'ardoises en écailles rondes ou ogivales (travaux faits en grandes parties), par mille d'ardoises..................	16 50	
102	pour découpage à ondulations et autres......................	suiv. mod.	
	pour disposition des ardoises en losanges :		
103	parties pleines, suivant le déchet..............	Observat.	
104	parties isolées, suivant motif et déchet..........	Observat.	
105	pour disposition à mosaïque, avec effets de teinte, suivant la variété des effets et le déchet............................	Observat.	
	Découverture.		
106	Sans dévoligeage, les matériaux jetés ou conservés sur le tas, non rangés....	0 14	
107	Avec dévoligeage....... id............. id................ id.........	0 28	
108	PLUS-VALUE sur les prix de découverture pour ardoises conservées, descendues et rangées en magasin :		
	Le mille..	5 00	
109	ÉMOUSSAGE, nettoyage de couverture en ardoises................ le mètre.	0 10	
110	DESCENTE et rangement de matériaux hors de service provenant de découverture.................................. le mèt. sup.	0 31	

NUMÉROS D'ORDRE.	DÉSIGNATION.	PRIX.	OBSERVATIONS.
		fr. c.	
	OUVRAGES EN ARDOISES AU MÈTRE LINÉAIRE.		
	ÉGOUT de deux ardoises neuves :		
111	modèle anglais	2 60	
112	grandes carrées, 1er modèle	1 18	
113	grandes carrées, 2e modèle	1 16	
114	cartelettes	1 34	
115	chaque pièce en sus de deux ardoises, la moitié des prix ci-dessus, diminuée de 0f.05	Observat.	
	Id. de deux ardoises non fournies :		
116	modèle anglais	0 80	Les travaux de couverture en ardoises non fournies, tant au mètre superficiel qu'au mètre linéaire, n'impliqueront jamais les travaux de découverture ou de démolition qui les auront précédés ou accompagnés.
117	grandes carrées, sans distinction de modèle	0 66	
118	cartelettes	0 78	
119	chaque pièce en sus de deux ardoises, la moitié des prix ci-dessus, diminuée de 0f.05	Observat.	
	DOUBLIS d'une ardoise neuve :		
120	modèle anglais	1 22	
121	grande carrée, 1er modèle	0 53	
122	grande carrée, 2e modèle	0 51	
123	cartelette	0 61	
124	Lorsque les doublis seront scellés, ils seront comptés aux prix des égouts	Observat.	
	Id. d'une ardoise non fournie :		
125	modèle anglais	0 32	
126	grande carrée	0 27	
127	cartelette	0 33	
128	Lorsque les doublis seront scellés, ils seront assimilés aux égouts.	Observat.	
	TRANCHIS droits, apparents ou cachés, en ardoise fournie :		
129	modèle anglais	0 52	
130	grande carrée	0 36	
131	cartelette	0 43	
	Id. droits, apparents ou cachés, en ardoise non fournie :		
132	modèle anglais	0 26	
133	grande carrée	0 26	
134	cartelette	0 31	
	Id. biais apparents, pour arêtier et pour noue, ardoise neuve :		
135	modèle anglais	0 86	
136	grande carrée	0 54	
137	cartelette	0 62	
138	Les tranchis circulaires au droit des lucarnes, des œils-de-bœuf, consoles, etc., seront l'objet d'une plus-value évaluée en proportion inverse de leur amplitude	Observat.	
	Id. biais simple non apparent, en ardoise neuve, y compris plâtre dessous :		
139	modèle anglais	0 90	
140	grande carrée	0 60	
141	cartelette	0 68	
	Id. biais simple, apparent, pour arêtier et pour noue, sur ardoise non fournie :		
142	modèle anglais	0 59	
143	grande carrée	0 39	
144	cartelette	0 46	
	Id. biais non apparents, avec plâtre dessous, sur ardoise non fournie :		
145	modèle anglais	0 65	
146	grande carrée	0 44	
147	cartelette	0 52	

NUMÉROS D'ORDRE.	DÉSIGNATION.	PRIX.	OBSERVATIONS.
		fr. c.	
	Couverture en Tuiles.		
	OUVRAGES AU MÈTRE SUPERFICIEL.		
	TUILES plates de Bourgogne, grand moule, neuves :		
148	sur lattis neuf	5 15	
149	sur lattis demi-neuf demi-vieux recloué	5 05	
150	sur lattis vieux recloué	4 90	
151	sur lattis partiellement recloué	4 80	
152	sur lattis non recloué	4 70	
153	scellées sur plâtre	5 70	
154	à claire-voie, sur lattis neuf	4 00	
155	id. sur lattis demi-neuf demi-recloué	3 90	
156	id. sur lattis vieux recloué	3 80	
157	id. sur lattis demi-recloué	3 70	
158	id. sur lattis non recloué	3 60	
159	id. scellées sur plâtre	4 60	
	Id. plates de Bourgogne, grand moule, non fournies :		
160	sur lattis neuf	1 05	
161	sur lattis demi-neuf demi-recloué	0 95	
162	sur lattis entièrement recloué	0 80	
163	sur lattis vieux demi-recloué	0 70	
164	sur lattis vieux non recloué	0 60	
165	scellées sur plâtre	1 60	
166	posées à claire-voie, sur lattis neuf	0 95	
167	id. sur lattis demi-neuf demi-recloué	0 80	
168	id. sur lattis vieux recloué	0 70	
169	id. sur lattis vieux demi-recloué	0 60	
170	id. sur lattis vieux non recloué	0 50	
171	id. scellées sur plâtre	1 50	
	Id. plates de Bourgogne, grand moule, vieilles, fournies :		
172	sur lattis neuf	3 10	
173	sur lattis demi-neuf demi-recloué	3 00	
174	sur lattis vieux recloué	2 80	
175	sur lattis vieux demi-recloué	2 75	
176	sur lattis vieux non recloué	2 65	
177	scellées sur plâtre	3 65	
	Id. de Bourgogne, petit moule, neuves :		
178	sur lattis neuf	6 00	
179	sur lattis demi-neuf demi-recloué	5 85	
180	sur lattis vieux recloué	5 65	
181	sur lattis vieux partiellement recloué	5 55	
182	sur lattis vieux non recloué	5 40	
183	scellées sur plâtre	6 55	
	Id. petit moule non fournies :		
184	sur lattis neuf	1 40	
185	sur lattis demi-neuf demi-recloué	1 25	
186	sur lattis vieux entièrement recloué	1 10	
187	sur lattis vieux partiellement recloué	0 95	
188	sur lattis vieux non recloué	0 80	
189	scellées sur plâtre	2 00	
190	Id. à emboîtement, système Muller, neuves, sur lattis neuf	4 05	
191	id. de Montchanin, neuves, sur lattis neuf	4 15	
192	Id. Courtois (Voir le tarif spécial de cette maison)	Observat.	
193	ÉMOUSSAGE, nettoyage de couvertures en tuiles	0 08	
	DÉCOUVERTURE en tuiles :		
194	le lattis conservé, les matériaux non descendus	0 18	
195	le lattis arraché et jeté ou laissé sur le tas, les tuiles non descendues	0 26	

NUMÉROS D'ORDRE.	DÉSIGNATION.	PRIX.	OBSERVATIONS.
		f. c.	
	PLUS-VALUE sur les prix de découverture :		
196	pour descente des tuiles et rangement en magasin..... le mille.	6 00	
197	pour descente et rangement de matériaux hors de service, le mètre superficiel.	0 31	
	OUVRAGES EN TUILES AU MÈTRE LINÉAIRE.		
198	EGOUT : de 1 tuile neuve grand moule	0 95	
199	de 2 tuiles neuves.... id	1 75	
200	de 3 tuiles neuves.... id	2 55	
201	de 1 tuile grand moule non fournie	0 50	
202	de 2 tuiles.......... id	0 85	
203	de 3 tuiles.......... id	1 20	
204	de 2 tuiles grand moule, dont 1 neuve et 1 vieille non fournie..	1 30	
205	de 3 tuiles grand moule, dont 2 neuves et 1 vieille non fournie..	2 10	
206	de 3 tuiles grand moule, dont 1 neuve et 2 vieilles non fournies.	1 65	
207	de 1 tuile petit moule, neuve	1 00	
208	de 2 tuiles.......... id	1 72	
209	de 3 tuiles.......... id	2 42	
210	de 1 tuile petit moule non fournie	0 63	
211	de 2 tuiles.......... id	1 00	
212	de 3 tuiles.......... id	1 32	
213	de 2 tuiles petit moule, dont 1 neuve et 1 vieille	1 34	
214	de 3 tuiles petit moule, dont 2 neuves et 1 vieille	2 06	
215	de 3 tuiles petit moule, dont 1 neuve et 2 vieilles	1 67	
216	de 1 tuile grand moule, vieille, fournie	0 73	
217	de 2 tuiles.......... id	1 30	
218	de 3 tuiles.......... id	1 87	
219	de 2 tuiles vieilles, dont 1 fournie	1 08	
220	de 3 tuiles vieilles, dont 1 fournie	1 42	
221	de 3 tuiles vieilles, dont 2 fournies	1 65	
222	BATTELLEMENT de 1 tuile neuve grand moule	0 70	
223	de 2 tuiles neuves grand moule	1 35	
224	de 1 tuile grand moule non fournie	0 26	
225	de 2 tuiles grand moule non fournies	0 46	
226	de 2 tuiles grand moule, dont 1 neuve et 1 vieille	0 91	
227	de 1 tuile neuve petit moule	0 70	
228	de 2 tuiles neuves petit moule	1 32	
229	de 1 tuile petit moule non fournie	0 33	
230	de 2 tuiles petit moule non fournies	0 59	
231	de 2 tuiles petit moule, dont 1 neuve et 1 vieille	0 95	
232	de 1 tuile vieille fournie	0 48	
233	de 2 tuiles vieilles fournies	0 90	
234	de 2 tuiles, dont 1 vieille fournie	0 70	
235	Les battellements scellés seront assimilés aux égouts	Observat.	
	TRANCHIS droits apparents et non apparents :		
236	sur tuile grand moule neuve	0 42	
237	sur tuile grand moule vieille fournie	0 34	
238	sur tuile grand moule vieille non fournie	0 26	
239	sur tuile petit moule neuve	0 48	
240	sur tuile petit moule non fournie	0 33	
241	sur tuile neuve à emboîtement (demi-tuile)	0 33	
242	sur tuile neuve à emboîtement (tranchis réel)	0 54	
	Id. biais pour noue :		
243	sur tuile grand moule neuve	0 90	
244	sur tuile grand moule vieille fournie	0 71	
245	sur tuile grand moule vieille non fournie	0 51	
246	sur tuile petit moule neuve	0 96	

NUMÉROS D'ORDRE.	DÉSIGNATION.	PRIX.	OBSERVATIONS.
		fr. c.	
	TRANCHIS biais pour noue (*Suite*) :		
247	sur tuile petit moule non fournie	0 64	
248	sur tuile à emboîtement, à la scie	3 65	
249	La façon d'une noue et de son tranchis caché sera comptée aux prix ci-dessus	Observat.	
	Id. biais simple pour arêtier :		
250	sur tuile grand moule neuve	0 89	
251	sur tuile grand moule vieille fournie	0 75	
252	sur tuile grand moule vieille non fournie	0 61	
253	sur tuile petit moule fournie	0 95	
254	sur tuile petit moule non fournie	0 74	
255	sur tuile à emboîtement fournie	1 03	
256	FAITAGE neuf avec plâtre pour scellement, crêtes et embarrures : en faîtières de Bourgogne ordinaires	2 77	
257	id. à bourrelet	3 04	
	Id. en faîtières non fournies, avec plâtres comme ci-dessus :		
258	ordinaire	1 26	
259	à bourrelet	1 00	
260	en faîtières vieilles fournies, avec plâtre, idem	2 31	
261	en faîtières non posées, pour crêtes et embarrures seulement	1 08	
262	DÉMOLITION de faîtage, les matériaux non descendus	0 123	
263	PLATRES de couverture pour solin, filet, ruellée, arêtier (prix moyen)	0 62	
264	pour devirure au droit des tranchis apparents ou non apparents	0 31	
	OUVRAGES DIVERS A LA PIÈCE.		
	ARDOISES neuves fournies et posées en recherche :		
265	anglaises, n° 1	0 51	Sont considérées comme posées en recherche toutes les ardoises qui, isolées ou posées en contiguïté, produisent une surface inférieure à 1 mètre.
266	id. n° 2	0 49	
267	id. n° 3	0 43	
268	id. n° 4	0 38	
269	id. n° 5	0 33	
270	id. n° 6	0 31	
271	grandes carrées, 1er modèle, d'Angers	0 194	
272	id. 2e modèle, d'Angers	0 189	
273	cartelettes	0 178	
274	de Fumay	0 178	
	Id. neuves fournies avec clous, mais non posées :		
275	anglaises, n° 1	0 38	
276	id. n° 2	0 36	
277	id. n° 3	0 30	
278	id. n° 4	0 24	
279	id. n° 5	0 20	
280	id. n° 6	0 18	
281	grandes carrées d'Angers, 1er modèle	0 061	
282	id. 2e modèle	0 057	
283	cartelettes	0 045	
284	de Fumay	0 045	
	Id. neuves pour fourniture seulement, mais à pied d'œuvre :		
285	anglaises, n° 1	0 36	
286	id. n° 2	0 33	
287	id. n° 3	0 27	
288	id. n° 4	0 22	
289	id. n° 5	0 18	
290	id. n° 6	0 15	
291	grandes carrées d'Angers, 1er modèle	0 058	
292	id. 2e modèle	0 053	
293	cartelettes	0 042	
294	de Fumay	0 042	

NUMÉROS D'ORDRE.	DÉSIGNATION.	PRIX.	OBSERVATIONS.
		fr. c.	
	Ardoises non fournies, posées en recherche, avec clous fournis :		
295	anglaises	0 144	
296	grandes carrées et cartelettes	0 124	
	Tuiles en recherche :		
297	grand moule, neuves, pour fourniture seulement, à pied d'œuvre.	0 113	Sont dites en recherche les tuiles posées isolément ou qui, posées en contiguïté, produisent une surface inférieure à 1 mètre.
298	id. neuves, fournies et posées sur vieux lattis	0 190	
299	id. vieilles, fournies et posées sur vieux lattis	0 133	
300	id. neuves, fournies et scellées	0 230	
301	id. vieilles, fournies et scellées	0 173	
302	id. non fournies, posées sur vieux lattis	0 077	
303	id. non fournies, scellées	0 116	
304	petit moule, neuves pour fourniture seulement, à pied d'œuvre.	0 073	
305	id. neuves, fournies et posées sur vieux lattis	0 142	
306	id. scellées	0 180	
307	id. non fournies, posées sur vieux lattis	0 070	
308	id. non fournies, scellées	0 107	
	Faitières de Bourgogne :		
309	ordinaires, pour fourniture seulement	0 55	
310	id. fournies et posées avec crêtes et embarrures	1 31	
311	id. non fournies, mais posées avec crêtes, etc	0 76	
312	Dans les prix de faîtières ci-dessus, la pose d'une faîtière comprend la dépose préalable d'une autre, avec démolition de ses plâtres. En outre, ces prix comportent 2 crêtes et un excédant d'embarrures de chaque côté	Observat.	
	Faitières de Bourgogne à bourrelet :		
313	pour fourniture seulement	0 66	
314	pour fourniture avec plâtre pour scellement et embarrures	1 27	
315	non fournie, pour pose, avec scellement et embarrures	0 61	
316	Vue de faîtière neuve, fournie et posée	1 76	
317	remaniée	1 21	
	Volige neuve en recherche :		
318	pour fourniture seulement	0 265	
319	pour fourniture avec clous	0 305	
320	pour fourniture et pose	0 51	
321	non fournie, posée avec clous fournis	0 244	
322	Latte : fournie	0 034	
323	fournie avec clous	0 041	
324	fournie et posée	0 12	
325	non fournie, posée avec clous fournis	0 084	
326	Coyau : pour pose avec clous fournis	0 25	
327	Noquet : droit, pour façon et pose	0 19	
328	biais, pour façon et pose	0 28	
	Chassis à tabatière, monté, posé et cloué :		
329	de 1^m85 à l'équerre et au-dessous	1 00	
330	au-dessus de 1^m85, plus-value de grandes dimensions	Observat.	
331	Chassis à tabatière fourni. Dormant en fer ou en fonte; mesure prise à l'intérieur du dormant ... le mètre linéaire.	6 20	
332	Plus-value de poulie ... la pièce.	2 50	
333	Crochet d'échelle pour pose avec vis non fournies, y compris pose de noquets.	0 80	
	Œil-de-bœuf en terre cuite :		
334	pour fourniture seulement	2 85	
335	pour fourniture et pose avec plâtres	4 50	
	Mitre en terre cuite :		
336	pour fourniture et pose	3 10	
337	non fournie, posée, scellée	1 80	

NUMÉROS D'ORDRE.	DÉSIGNATION.	PRIX.	OBSERVATIONS.
		fr. c.	
	OUVRAGES DIVERS EXÉCUTÉS PAR LES COUVREURS.		
	VOLIGEAGE jointif :		
338	neuf de 0,013 d'épaisseur, fourni et posé .... le mèt. sup.	1 66	
339	non fourni, mais posé avec clous fournis .... id...	0 44	
	PENTE en plâtre :		
340	de 0.025 d'épaisseur sur voligeage neuf jointif .... id...	2 92	
341	de 0.025 d'épaisseur sur voligeage non fourni, mais cloué. id...	1 70	
342	de 0.025 d'épaisseur sur voligeage non cloué ou sans voliges id...	1 26	
343	au-dessus de 0.025 d'épaisseur, jusqu'à 0m05 inclusivement pour chaque 0m01 au-dessus de 0.025	0 35	En sus du prix n° 342.
344	GLACIS en plâtre de 0.015 d'épaisseur	1 07	
345	MASSIF : de 0m10 d'épaisseur pour chéneau, terrasson, etc., avec pente, cueillies et ressauts	3 30	
346	pour chaque 0m01 en plus ou en moins	0 145	
347	comme le précédent, mais avec plâtras non fournis	2 93	
348	pour chaque 0m01 en plus ou en moins	0 11	
349	PLOMB. neuf pour montage et pose, sans aucune espèce de fourniture, pour chéneaux et terrassons droits de 1m20 de largeur et au-dessous .... le kilog.	0 063	
350	neuf id., mais pour chéneaux et terrasses au-dessus de 1m20 de largeur .... le kilog.	0 048	
	plus-value pour développement de reliefs sur plan circulaire :		
351	pour chéneau .... le kilog.	0 05	
352	pour terrasse, le mètre courant de relief	0 50	
353	NOTA. — A moins que les prix de plomb ci-dessus ne soient appliqués au poids de plomb reconnu par attachement, ils seront augmentés, comme la fourniture, de 1/40 pour montage, façon et retaille du déchet	Observat.	
354	neuf pour alaises, bavettes, etc., au droit des châssis, cheminées, etc., sans aucune espèce de fourniture	0 063	
355	vieux pour dépose et repose, sans descente ni rangement, mêmes prix que ci-dessus pour le plomb neuf	Observat.	Voir nos 349. 350. 351.
356	vieux, pour dépose, descente et rangement .... le kilog.	0 019	
	CLOUAGE avec clous mariniers, fait par les couvreurs :		
357	clous espacés de 0.01 .... le mèt. lin.	1 88	
358	id. de 0.02 .... id....	0 94	
359	id. de 0.03 .... id....	0 63	
360	id. de 0.04 .... id....	0 47	
361	id. de 0.05 .... id....	0 38	
362	ENTAILLES ou engravures aux poteaux de lucarnes .... le mèt. lin.	1 10	
363	PLANCHE chêne ou sapin, non fournie, montée et posée, pour socle de chéneau, le mètre linéaire	0 60	
	TROUS et scellements pour équerres de chéneau :		
364	dans le moëllon et la pierre tendre .... la pièce.	0 40	
365	dans la pierre dure	1 00	
	PLATRE fourni, le sac :		
366	par quantité de 10 sacs et au-dessus	0 50	
367	par quantité au-dessous de 10 sacs	0 60	
	Zinc et accessoires		
	JOURNÉES : y compris faux frais et bénéfice (9 heures en été, 8 heures en hiver).		
368	de compagnon zingueur	7 00	
369	d'aide zingueur	4 75	

NUMÉROS D'ORDRE.	DÉSIGNATION.	PRIX.	OBSERVATIONS.
		fr. c.	
	FOURNITURES.		
	TASSEAUX en sapin pour couvre-joints, arêtiers et faîtages :		
370	de 0.040 de grosseur........................ le mèt. lin.	0 17	
371	de 0.054..... id.................................. id...	0 35	
372	de 0.075..... id.................................. id...	0 51	
373	plus-value pour évidement du dessous......................	0 06	
374	ZINC : fourni seulement, au cours du jour, augmenté de 1/10 de bénéfice....................................	Observat.	
375	fourni et en œuvre, au cours du jour, augmenté de 1/40 de déchet et 1/10 de bénéfice....................................	Observat.	Voir le tableau nº 375, 2ᵉ partie.
	CLOUS à tasseaux :		
376	de 0.07 de longueur pour couvre-joints.............. le kilog.	1 00	
377	au-dessus de 0.07, pour arêtiers et faîtage............. id...	0 70	
378	SOUDURE : seule pour zinc.................................. id...	1 57	
379	avec ingrédients et charbon, pour zinc................ id...	2 35	
	CHARBON fourni au détail :		
380	le décalitre....................................	0 55	
381	le kilogramme....................................	0 30	
382	CLOUS à piston.................................... le kilog.	2 00	
	OUVRAGES AU MÈTRE LINÉAIRE.		
	TASSEAUX en sapin, fournis et posés :		
383	de 0.040 de grosseur, pour couvre-joints............. le mètre.	0 30	
384	de 0.054 de grosseur, pour arêtier ou faîtage........... id...	0 63	
385	de 0.075 de grosseur, pour arêtier ou faîtage........... id...	0 85	
	Id. non fournis, pour pose avec clous fournis :		
386	de 0.040.................................... id...	0 13	
387	de 0.054.................................... id...	0 17	
388	de 0.075.................................... id...	0 20	
389	Id. déposés, descendus et rangées, prix moyen.............. id...	0 10	
390	SOUDURE : sur zinc neuf.................................... id...	0 83	
391	sur zinc vieux.................................... id...	1 00	
	CLOUAGE avec clous mariniers espacés, fait par les zingueurs :		
392	de 0.01.................................... id...	1 75	
393	de 0.02.................................... id...	0 88	
394	de 0.03.................................... id...	0 58	
395	de 0.04.................................... id...	0 44	
396	de 0.05.................................... id...	0 35	
397	CLOUAGE avec clous à piston espacés de 0.01..............................	0 65	
	BANDES de recouvrement pour façon et pose y compris toutes façons et fournitures accessoires, telles que pattes, clous, calottins, soudures, façon et clouage de bandes d'agrafe, engravures et solins de calfeutrement en plâtre :		Voir 2ᵉ partie pour définition des bandes de recouvrement.
	simples, c'est-à-dire bordées d'un ourlet et d'un relief :		
398	de 0.14 de largeur et au-dessous...... le mètre.	1 37	
399	de 0.15 à 0.24 de largeur inclusivement... id...	1 42	
400	de 0.25 à 0.49 de largeur inclusivement... id...	1 52	
401	de 0.50 de largeur et au-dessus.......... id...	1 72	
	moulurées, mêmes prix que ci-dessus augmentés de :		
402	pour chaque moulure plane entre les deux rives...	0 10	
403	pour chaque moulure courbe, simple..........	0 20	
	PLUS-VALUE : longueur à ajouter à la longueur réelle des bandes, zinc compris :		
404	pour retour d'équerre sur bande non moulurée entre les rives, 0m20	Observat	
405	pour retour d'équerre sur bande à moulures rectilignes..... 0m25	Observat.	
406	pour retour d'équerre sur bande à moulures curvilignes ou mixtilignes.................................... 0m30	Observat.	

NUMÉROS D'ORDRE.	DÉSIGNATION.	PRIX.	OBSERVATIONS.
		fr. c.	
407	PLUS-VALUE : de bandes posées à l'échelle : 1/10 du prix de pose............	Observat.	
408	pour chaque amortissement d'extrémité, entaille et raccord en plâtre, 1/10 du prix de pose..........................	Observat.	
409	pour engravure dans la pierre dure ou dans la brique dure, le mètre linéaire.....................................	2 00	
410	pour emploi de ciment au lieu de plâtre dans les solins de calfeutrement.................................. le mèt. lin.	0 08	
411	pour pose de bandes de recouvrement sur plan circulaire : à évaluer sur place en raison inverse du diamètre de la courbe....	Observat.	
412	pour façon et soudure d'angle sur ourlet ou sur relief, sans gousset	0 25	
413	pour façon et soudure d'angle sur ourlet ou sur relief, avec gousset	0 30	
414	pour emploi de coulisseaux plats aux jonctions des feuilles, chaque coulisseau 0.25 de longueur de bande de recouvrement......	Observat.	Le zinc compté à part, et la façon comme 0m25 de la bande.
415	pour emploi de coulisseaux à saillie rectangulaire, chaque coulisseau, zinc à part, compté pour 1m00 de façon de la bande à laquelle il est adapté	Observat.	
415 (bis)	pour pose de bande par bouts fractionnaires de feuille sur ordre spécial de l'architecte ou lorsque l'emploi en sera commandé par la distribution symétrique de l'œuvre : 25 p. 0/0 du prix de bande unie quel que soit le profil de la bande, objet de cette plus-value..	Observat.	
	BANDES de solin ou d'égout (façon et pose de) :		
416	non engravée, bordée d'ourlet rond rechassé......... le mètre.	0 24	
417	non engravée, bordée d'un biseau ou d'une pince........ id...	0 17	
418	engravée, avec solin de calfeutrement en plâtre, en sus des prix ci-dessus.................................. le mètre.	0 51	Voir nos 423 et 424.
419	engravée, idem, mais dans la pierre dure ou la brique dure, en sus des deux prix ci-dessus.............................	2 15	*Idem.*
420	PLUS-VALUE : d'emploi de ciment au lieu de plâtre dans les solins de calfeutrement..	0 08	
421	d'angle soudé sur bande de solin bordée d'ourlet rond, la pièce.	0 25	
422	d'angle soudé sur bande de solin bordée de pince ou biseau, id..	0 15	
423	COUVRE-JOINT de rive, d'arêtier ou de faîtage jusqu'à 0.16 de largeur, pour façon et pose sur couverture en tuile ou en ardoise, le mètre linéaire, compris clous, vis, calottins, etc................	0 35	
424	COUPE : biaise de zinc..	0 25	
425	circulaire idem, depuis 1/3 du prix de la coupe biaise, jusqu'à deux fois ce même prix suivant l'amplitude de la courbe......	Observat.	
	GOUTTIÈRE pour façon et pose, y compris fourniture de crochets espacés de 0.81 :		
426	de 0.25 de largeur............................ le mèt. lin.	1 40	
427	de 0.33 de largeur............................ id....	1 60	
428	PLUS-VALUE : de talons rapportés et soudés, chacun comme 0.20 de gouttière fournie et posée..	Observat.	
429	d'équerre, façonnée et soudée, chacune comme 0.30 de gouttière fournie et posée..	Observat	
	TUYAUX pour façon et pose :		
430	de 0.080 de diamètre.......................... le mèt. lin.	1 40	
431	de 0.105 de diamètre.......................... id....	1 60	
432	PLUS-VALUE : de coudes et embranchements soudés, chacun comme 0.30 de tuyau..	Observat.	
433	de dauphin, composé d'un coude, d'un gousset et d'une astragale 0.50 de tuyau..	Observat.	
	ACCESSOIRES.		
	TUYAUX et GOUTTIÈRES pour dépose :		
434	en partie de 10m00 et au-dessous, sans préjudice de déplacement aller et retour, d'échafaudage ou d'emploi de corde à nœuds, le mètre linéaire..	0 30	
435	pour chaque mètre en sus de 10m00.............. le mèt. lin.	0 10	

NUMÉROS D'ORDRE.	DÉSIGNATION.	PRIX.	OBSERVATIONS.
		fr. c.	
	TUYAUX et gouttières déposés, redressés, réparés, reposés, même prix que les tuyaux et gouttières pour façon et pose, soit :		
436	de 0.08 de diamètre ou 0.25 de développement.............	1 40	
437	de 0.11 de diamètre ou 0.33 de développement.............	1 60	
	NOTA. — Quand les vieux crochets de gouttière seront conservés, il sera déduit des prix ci-dessus :		
438	pour gouttière de 0.25.................................	0 30	
439	pour gouttière de 0.33.................................	0 40	
440	pour tuyau de 0.08.....................................	0 20	
441	pour tuyau de 0.11.....................................	0 25	
442	NEZ en zinc fourni et soudé.............................. la pièce.	0 20	
	CROCHETS en fer fournis :		
443	pour gouttière de 0.25............................ id....	0 30	
444	pour gouttière de 0.33............................ id....	0 40	
445	pour tuyau de 0.08................................ id....	0 20	
446	pour tuyau de 0.11................................ id....	0 25	
447	TROUS tamponnés.................................... id....	0 08	
	OUVRAGES AU MÈTRE SUPERFICIEL.		
	COUVERTURE en zinc pour façon et pose, y compris fourniture et pose de clous, pattes, vis, calottins, enfin tous accessoires nécessaires pour fixer la couverture et façon de couvre-joints :		
448	en feuilles de 2.00×0.80..................................	1 05	
449	en feuilles de 2.00×0.65..................................	1 20	
450	en feuilles de 2.00×0.50..................................	1 40	
	Id. en zinc remanié avec accessoires comme ci-dessus, y compris découverture mais sans descente ni rangement ailleurs que sur le tas :		
451	en feuilles de 0.80 de largeur............................	1 40	
452	en feuilles de 0.65..... id...............................	1 50	
453	en feuilles de 0.50..... id...............................	1 60	
454	PLUS-VALUE : pour talon de couvre-joint soudé.................. la pièce.	0 20	
455	pour raccord d'angle soudé saillant ou rentrant au droit des cheminées, châssis et autres pénétrations, sans gousset, la pièce.	0 25	
456	pour raccord d'angle soudé, saillant ou rentrant, au droit des cheminées, châssis et autres pénétrations, avec gousset, la pièce.	0 30	
457	pour évidement de zinc au droit des vides déduits et coupes biaises partout où elles se trouvent................ le mèt. lin.	0 25	
458	pour couverture contenant plus de 1/10 de sa surface totale de feuilles non entières, par mètre superficiel de couverture en fractions de feuille excédant 1/10 de la surface totale.........	0 10	
459	pour couverture dans laquelle il entrera plus de 1/5 de feuilles débitées, par mètre superficiel de couverture en fractions de feuille..	0 20	
460	pour couverture entièrement composée de fractions de feuille (pour lucarnes, par exemple)................................	Observat	
	DÉCOUVERTURE en zinc avec descente et rangement :		
461	sans dévoligeage.............................. le mèt. sup.	0 18	
462	avec dévoligeage.............................. id....	0 34	
463	PAPIER goudron, pour fourniture et pose.................. id....	0 25	
	BANNES goudronnées :		
464	en location, pour chaque jour......................... id....	0 016	
465	pour montage, pose, dépose, descente et double transport, id....	0 20	

NUMÉROS D'ORDRE.	DÉSIGNATION.	PRIX.	OBSERVATIONS.
		fr. c.	
	OUVRAGES AU POIDS.		
	MARCHES en zinc fondu :		
466	pour fourniture seulement........................ le kilog.	1 25	
467	pour pose sans soudure............................ id...	0 20	
468	pour pose et soudure.............................. id...	0 45	
469	GODETS en zinc fondu pour fourniture, pose et soudure........... la pièce.	1 30	
470	PAPIER goudron fourni, non posé.............................. le kilog.	1 10	
471	VIEUX ZINC repris en compte, 40 p. 100 du prix du zinc neuf suivant le cours.	Observat.	
	Plomberie.		
	JOURNÉES en régie (10 heures, été et hiver) :		
472	de compagnon plombier..................................	7 60	
473	d'aide-plombier...	5 05	
	FOURNITURES ET OUVRAGES DIVERS.		
	PLOMB en table et en tuyaux :		
474	suivant le cours du jour, diminué de 3 fr. p. 100 kilogr. et augmenté de 10 p. 100 de bénéfice..........................	Observat.	
475	Plus-value pour plomb en tuyaux de 0.020 de diamètre et au-dessous, p. 100 kilog..................................	5 00	
476	Plus-value pour plomb en tuyaux de 0.010 de diamètre et au-dessous, p. 100 kilog..................................	10 00	
477	L'emploi du plomb en table, lorsque sa fourniture sera comptée en œuvre, donnera lieu à une allocation de 1/40 pour déchet.	Observat.	
	PLOMB vieux pour échange :		
478	Le poids brut diminué de 4 p. 100 pour déchet de fonte, p. 100 kilog...	11 50	
	TUYAUX en plomb doublés d'étain :		
479	de 0.0025 d'épaisseur....................... les 100 kilog.	115 50	
480	de 0.0035... id.............................. id.....	102 50	
481	de 0.0045... id.............................. id.....	97 90	
482	de 0.0055... id.............................. id.....	94 60	
483	Plus-value pour tuyaux de 0.020 de diamètre et au-dessous......	1/10 des prix ci-dessus.	
484	SOUDURE : seule, pour plomb (y compris ingrédients)........... le kilog.	1 65	Les ingrédients sont : l'ammoniaque, la résine, le noir de fumée, l'esprit de sel, etc.
485	seule, pour cuivre.............................. id...	2 05	
486	avec ingrédients et charbon, pour plomb............ id...	1 95	1 kilogramme de charbon et déchet.
487	avec ingrédients et charbon, pour cuivre .... id...	2 35	
488	avec charbon et main-d'œuvre, pour plomb........... id...	3 05	52 minutes de façon à 1 fr. 265 l'heure, y compris faux frais et bénéfice.
489	avec charbon et main-d'œuvre, pour cuivre........... id...	3 85	Façon comme ci-dessus, apprêt du cuivre en sus.
	CUIVRE rouge :		
490	pour grilles, cuvettes, récipients, flotteurs cylindriques et tuyaux exécutés suivant forme prescrite................ le kilog.	6 00	La différence entre ces deux prix s'explique par la différence de main-d'œuvre compliquée du supplément de prix imposé aux planches de cuivre de faible épaisseur.
491	pour flotteurs sphériques........................ id...	10 00	
492	en tuyaux non façonnés .... id...	4 00	
493	plus-value d'étamage........................ id...	1 00	Le prix de 1 fr. ci-contre est composé de 50 centimes pour étamage proprement dit, et de 50 centimes pour le travail appelé *remontage*, qui consiste à redresser les coquilles gauchies par l'opération de l'étamage.
	CUIVRE jaune pour pompes et robinets simples :		
494	de 3 à 4 kilog., sans pose........................ id...	4 25	
495	au-dessus de 4 kilog., sans pose .... id...	4 00	

NUMÉROS D'ORDRE.	DÉSIGNATION.	PRIX.	OBSERVATIONS.
		fr. c.	
	Bronze pour pompes et robinets simples :		
496	de 3 à 4 kilog., sans pose........................ le kilog.	5 10	
497	au-dessus de 4 kilog., sans pose .... id...	4 80	
498	**Zinc** pour flotteurs sphériques .... id...	7 00	
499	**Chandelle**.. id...	1 75	
500	**Ciment**, au détail.. id...	0 075	
501	**Corde** goudronnée .... id...	1 00	
	Mastic de fontainier :		
502	pour fourniture seulement .... id...	0 30	
503	pour fourniture et emploi.......................... id...	0 70	
	Pistons en bois pour pompes de 0.08 à 0.11 de diamètre :		
504	ordinaires avec clapet, manchon et frettes en fer............	12 00	
505	à fourchette avec clapet et manchon	13 25	
506	**Soupape**, double en cuir, garnie de son clapet..........................	5 50	
	Pompe louée, de 0,08 à 0.11 de diamètre, y compris 8m00 d'aspiration en plomb :		
507	pour chaque jour de location.................................	2 00	
508	Plus-value pour le premier jour, y compris transport..........	5 00	
509	Plus-value pour le dernier jour, y compris transport...........	5 00	
510	**Plomb** en table façonné en tuyau, pour pipes, manchons, etc., sans fourniture ni soudure.................................... le kilog.	0 10	
	OUVRAGES DE PLOMBERIE AU KILOGRAMME.		
	Plomb mouluré fourni, façonné et posé :		
511	pour recouvrement de moulures unies en bois, en fer et en pierre, parties droites ou parties circulaires à simple ou double courbure, de 4m00 de diamètre et au-dessus..................	1 15	
512	pour recouvrement de moulures unies en bois, en fer ou en pierre, sur parties circulaires au-dessous de 4m00 de diamètre.	1 60	
	Id. d'ornement, avec sa garniture intérieure, fourni, façonné et posé :		
513	pour gaudrons, feuilles d'eau, raies de cœur, oves, entrelas ou parties de sculpture courantes, sans détails d'ornement......	1 95	Les frais de modèle en sus.
514	pour tores de rubans, rinceaux, lambrequins, membrons, raies de cœur ou parties de sculpture courantes avec détails d'ornement..	2 15	*Idem.*
515	pour motifs complétement détachés et isolés, tels que feuilles d'angles, chiffres, perles et pirouettes, lettres ornées, flammes et embases de flammes................................	2 70	*Idem.*
516	pour gargouilles ou lanceurs allégoriques, couronnes héraldiques, têtes d'animaux, fleurs, fruits, armures et figures......	3 20	*Idem.*
517	**Fer forgé** : pour balancier, châssis et tringles de pompes..............	1 75	
518	pour pièces de mécanisme spécial, le prix suivant la nature des ouvrages	Observat.	
518 *bis.*	pour colliers à lunette..................................	1 25	
519	pour boulons de fortes dimensions	1 50	
520	**Fonte** en tuyaux pour eau forcée..	0 30	
	Id. pour tuyaux de descente :		
521	unis	0 25	
522	ornés..	0 45	
523	Plus-value sur les tuyaux unis pour fourniture en pièces de raccord, telles que coudes, dauphins, branchements, huitièmes et quarts de bouts, isolément ou dans une proportion anormale.	0 07	
524	Id. pour corbeaux à console de conduites en fonte	0 60	

NUMÉROS D'ORDRE.	DÉSIGNATION.	PRIX.	OBSERVATIONS.
		fr. c.	
	OUVRAGES AU MÈTRE LINÉAIRE.		
	POSE de tuyaux en plomb en tranchée :		
526	de 0.010 de diamètre........................ le mèt. lin.	0 25	
527	de 0.013 ou 0.015.............................. id....	0 30	
528	de 0.020.. id....	0 35	
529	de 0.025 ou 0.027.............................. id....	0 40	
530	de 0.030.. id....	0 50	
531	de 0.035.. id....	0 60	
532	de 0.040.. id....	0 65	
533	de 0.045.. id....	0 70	
534	de 0.050.. id....	0 75	
535	de 0.055.. id....	0 80	
536	de 0.060.. id....	0 85	
537	de 0.065.. id....	1 00	
538	de 0.070.. id....	1 10	
539	de 0.080.. id....	1 15	
540	de 0.090.. id....	1 20	
541	de 0.100.. id....	1 25	
542	de 0.110.. id....	1 30	
543	Plus-value pour fouille de terre en tranchée jusqu'à 0.80 de profondeur, y compris remblai et pilonnage.................	1 05	
544	Plus-value, idem, avec dépavage et reblocage des pavés.......	1 55	
	Id. de tuyaux en élévation, y compris fourniture de 2 crochets à pointe, mais sans percement de trous ni scellement :		
545	de 0.010 de diamètre........................ le mèt. lin.	0 60	NOTA. Toute pose de tuyaux en plomb de moins d'un mètre de longueur sera payée comme un mètre, en élévation seulement.
546	de 0.013 ou 0.015.............................. id....	0 70	
547	de 0.020.. id....	0 80	
548	de 0.025 ou 0.027.............................. id....	0 95	
549	de 0.030.. id....	1 05	
550	de 0.035.. id....	1 15	
551	de 0.040.. id....	1 25	
552	de 0.045.. id....	1 35	
553	de 0.050.. id....	1 45	
554	de 0.055.. id....	1 60	
555	de 0.060.. id....	1 70	
556	de 0.065.. id....	1 80	
557	de 0.070.. id....	1 90	
558	de 0.080.. id....	2 05	
559	de 0.090.. id....	2 20	
560	de 0.100.. id....	2 35	
561	de 0.110.. id....	2 50	
	Plus-value pour emploi de la corde à nœuds, non compris pose et dépose de la corde :		
562	1° 20 p. 100 des prix ci-dessus................	Observat.	
563	2° Pose et dépose de la corde à nœuds, en moyenne 2/10 de compagnon et aide, soit............	2 50	
564	TUYAUX déposés en démolition, descendus et rangés ou déposés pour être réemployés, mais non descendus, 1/3 des prix de pose ci-dessus détaillés..	Observat.	
565	Id. vieux redressés et reposés, y compris fourniture de crochets pour tuyaux en élévation, 1/5 en sus des prix de pose de tuyaux neufs......	Observat.	
566	Id. de descente en fonte pour pose et montage sans trous ni scellements, ni fourniture de colliers, le mètre linéaire sans distinction de pièces, compris joints..	0 70	
	Plus-value de pose à la corde à nœuds :		
567	Comme pour les tuyaux en plomb. { 20 p. 100 du prix de pose pour difficulté de service	Observat.	
568	{ 2 fr. 50 pour montage et dépose de la corde..........	Observat.	
569	Id. de descente en fonte déposés et descendus................ le mèt. lin.	0 55	
570	Plus-value d'emploi de la corde à nœuds, comme pour tuyaux en plomb..	Observat.	

NUMÉROS D'ORDRE.	DÉSIGNATION.	PRIX.	OBSERVATIONS.
		fr. c.	
	POSE en terre d'une conduite en fonte (joints en plomb), toutes fournitures comprises, moins le tuyau, avec fouille de terre et remblai :		
571	de 0.081 de diamètre........................ le mèt. lin.	2 90	
572	de 0.108.... id................................ id....	3 40	
573	de 0.135.... id................................ id....	3 90	
574	de 0.162.... id................................ id....	5 00	
575	de 0.190.... id................................ id....	5 50	
576	de 0.216.... id................................ id....	6 00	
577	de 0.250.... id................................ id....	6 75	
578	de 0.300.... id................................ id....	7 60	
579	de 0.325.... id................................ id....	8 10	
580	de 0.350.... id................................ id....	8 60	
581	de 0.400.... id................................ id....	10 00	
582	de 0.500.... id................................ id....	11 80	
583	de 0.600.... id................................ id....	13 60	
	Id. sous galerie d'une conduite en fonte (joints en plomb), toutes fournitures comprises, moins le tuyau :		
584	de 0.081 de diamètre........................ le mèt. lin.	1 70	
585	de 0.108.... id................................ id....	2 20	
586	de 0.135.... id................................ id....	2 70	
587	de 0.162.... id................................ id....	3 35	
588	de 0.190.... id................................ id....	3 85	
589	de 0.216.... id................................ id....	4 35	
590	de 0.250.... id................................ id....	5 00	
591	de 0.300.... id................................ id....	5 70	
592	de 0.325.... id................................ id....	6 15	
593	de 0.350.... id................................ id....	6 60	
594	de 0.400.... id................................ id....	7 75	
595	de 0.500.... id................................ id....	9 15	
596	de 0.600.... id................................ id....	10 65	
597	Plus-value pour chaque tuyau de 2m50 et au-dessus, 1/3 du prix de pose..	Observat.	
	PLUS-VALUE pour chaque joint de brides isolé dans les conduites posées avec joints à emboîtement :		
598	de 0.081 de diamètre........................ la pièce..	2 85	
599	de 0.108.... id................................ id....	3 75	
600	de 0.135.... id................................ id....	4 60	
601	de 0.162.... id................................ id....	5 00	
602	de 0.190.... id................................ id....	5 20	
603	de 0.216.... id................................ id....	5 75	
604	de 0.250.... id................................ id....	6 75	
605	de 0.300.... id................................ id....	8 25	
606	de 0.325.... id................................ id....	8 75	
607	de 0.350.... id................................ id....	9 40	
608	de 0.400.... id................................ id....	10 00	
609	de 0.500.... id................................ id....	12 00	
610	de 0.600.... id................................ id....	15 00	
	Id. sur les prix de pose de tuyaux en fonte pour joints à brides au lieu de joints à emboîtement :		
611	de 0.081 de diamètre........................ le mèt. lin.	1 15	
612	de 0.108.... id................................ id....	1 50	
613	de 0.135.... id................................ id....	1 85	
614	de 0.162.... id................................ id....	2 00	
615	de 0.190.... id................................ id....	2 10	
616	de 0.216.... id................................ id....	2 30	
617	de 0.250.... id................................ id....	2 70	
618	de 0.300.... id................................ id....	3 30	
619	de 0.325.... id................................ id....	3 50	
620	de 0.350.... id................................ id....	3 75	
621	de 0.400.... id................................ id....	4 00	
622	de 0.500.... id................................ id....	4 80	
623	de 0.600.... id................................ id....	6 00	

NUMÉROS D'ORDRE.	DÉSIGNATION.	PRIX.	OBSERVATIONS.
		fr. c.	
	PLUS-VALUE sur le prix de pose de conduite en fonte sous galerie pour trous et scellements en ciment hydraulique des consoles en fonte :		
624	pour conduite de 0m081 à 0m216 de diamètre....... la pièce..	2 50	
625	pour conduite de 0m250 à 0m600 de diamètre.......... id....	3 00	
	DÉPOSE, transport et rangement d'une conduite en fonte placée en terre, sans fouille ni remblai :		
626	de 0.081 de diamètre.......................... le mèt. lin.	1 40	
627	de 0.108.... id.................................. id....	1 70	
628	de 0.135.... id.................................. id....	2 10	
629	de 0.162.... id.................................. id....	2 30	
630	de 0.190.... id.................................. id....	2 70	
631	de 0.216.... id.................................. id....	2 90	
632	de 0.250.... id.................................. id....	3 40	
633	de 0.300.... id.................................. id....	3 70	
634	de 0.325.... id.................................. id....	4 10	
635	de 0.350.... id.................................. id....	4 40	
636	de 0.400.... id.................................. id....	4 80	
637	de 0.500.... id.................................. id....	5 60	
638	de 0.600.... id.................................. id....	7 00	
	Id. de conduite en fonte placée sous galerie :		
639	de 0.081 de diamètre.......................... le mèt. lin.	1 00	
640	de 0.108.... id.................................. id....	1 40	
641	de 0.135.... id.................................. id....	1 80	
642	de 0.162.... id.................................. id....	2 20	
643	de 0.190.... id.................................. id....	2 60	
644	de 0.216.... id.................................. id....	3 00	
645	de 0.250.... id.................................. id....	3 50	
646	de 0.300.... id.................................. id....	4 00	
647	de 0.325.... id.................................. id....	4 50	
648	de 0.350.... id.................................. id....	5 00	
649	de 0.400.... id.................................. id....	5 50	
650	de 0.500.... id.................................. id....	6 50	
651	de 0.600.... id.................................. id....	7 50	
	SOUDURE au fer Mahon de 0.003 d'épaisseur réduite :		
652	de 0.03 de large.............................. le mèt. lin.	2 75	NOTA. En observant qu'il faut autant de combustible pour une soudure de 0m50 que pour une soudure de 1 mètre, on comprend la nécessité d'appliquer une plus-value à toutes les soudures d'une longueur inférieure à 1 mètre dans les travaux neufs exécutés en petite partie et surtout dans les travaux de réparation.
653	de 0.04... id.................................... id....	3 65	
654	de 0.05... id.................................... id....	4 55	
	Pour chaque millimètre d'épaisseur en plus :		
655	de 0.03 de large..	0 90	
656	de 0.04... id..	1 20	
657	de 0.05... id..	1 50	
658	PERCEMENT de mur en moellon, brique ou pierre tendre, de pan de bois, de cloison, de plancher, pour tuyaux, de 0.20 de diamètre et au-dessous, le mètre linéaire, compris raccord en plâtre........	7 00	
659	Id. en pierre dure, le mètre linéaire, compris raccord .... id...........	12 00	
	TRANCHÉE faite dans le moellon et la pierre tendre jusqu'à 0m05 de profondeur :		
660	pour tuyau de 0.035 de diamètre et au-dessous, le mètre linéaire, compris raccord en plâtre..............................	1 70	
661	pour tuyau de 0.040 à 0.060 de diamètre, le mètre linéaire, compris raccord en plâtre..............................	2 00	
	Au-dessus de 0.05 de profondeur :		
662	pour chaque centimètre de profondeur en sus................	0 35	
	Id. dans la pierre dure jusqu'à 0.05 de profondeur :		
663	pour tuyau de 0.035 de diamètre et au-dessous, le mètre linéaire, compris raccord en plâtre..............................	3 00	
664	pour tuyau de 0.040 à 0.060 de diamètre..................	4 20	
	Au-dessus de 0.05 de profondeur :		
665	pour chaque centimètre de profondeur en sus................	0 65	
666	Plus-value pour raccord en ciment, prix moyen..............	0 30	

NUMÉROS D'ORDRE.	DÉSIGNATION.	De 0.004 d'épaisseur.	De 0.005 d'épaisseur.	De 0.006 d'épaisseur.	De 0.007 d'épaisseur.	OBSERVATIONS.
		fr. c.	fr. c.	fr. c.	fr. c.	
	OUVRAGES A LA PIÈCE.					
	COLLETS battus sur tuyaux en plomb :					
667	de 0.013 à 0.015 de diamètre intérieur.	0 20	0 25	0 30	0 35	
668	de 0.020 de diamètre...............	0 20	0 25	0 30	0 35	
669	de 0.025 et 0.027 de diamètre........	0 25	0 30	0 35	0 40	
670	de 0.030 de diamètre...............	0 25	0 30	0 35	0 40	
671	de 0.035 et 0.040 de diamètre........	0 30	0 35	0 40	0 45	
672	de 0.045 et 0.050.... id...........	0 35	0 40	0 45	0 50	
673	de 0.055 et 0.060.... id...........	0 40	0 45	0 50	0 55	
674	de 0.070 de diamètre...............	0 45	0 50	0 55	0 60	
675	de 0.080.... id....................	0 50	0 55	0 60	0 65	
676	de 0.090.... id....................	0 60	0 65	0 70	0 75	
677	de 0.100.... id....................	0 60	0 65	0 70	0 75	
678	de 0.110.... id....................	0 60	0 65	0 70	0 75	
679	de 0.120.... id....................	0 65	0 70	0 75	0 80	
680	de 0.130.... id....................	0 70	0 75	0 80	0 85	
681	de 0.140.... id....................	0 80	0 85	0 90	0 95	
682	de 0.150.... id....................	0 80	0 85	0 90	0 95	
683	de 0.160 à 0.180 de diamètre.........	0 85	0 90	0 95	1 00	
684	de 0.190 à 0.210.... id.............	0 95	1 00	1 05	1 10	
685	de 0.220 à 0.240.... id.............	1 05	1 10	1 15	1 20	
686	de 0.250 à 0.260.... id.............	1 15	1 20	1 25	1 30	
687	de 0.270 à 0.290.... id.............	1 25	1 30	1 35	1 40	
688	de 0.300 à 0.320.... id.............	1 40	1 45	1 50	1 55	
689	de 0.330 de diamètre................	1 50	1 55	1 60	1 65	
					PRIX.	
690	COLLETS en mastic pour pierres d'évier......................... la pièce.				0 70	
	NOEUDS de soudure pour tuyaux en plomb des diamètres ci-après, à raison de 3 fr. 05 le kilog., compris ingrédients, charbon, déchet et main-d'œuvre (1) :					
691	de 0.010 intérieur..... Poids moyen du nœud..... 0k 30....				0 90	
692	de 0.015.... id.............. id.............. 0.45....				1 35	
693	de 0.020.... id.............. id.............. 0.60....				1 85	
694	de 0.025 ou 0.027............ id.............. 0.75....				2 30	
695	de 0.030 intérieur........... id.............. 0.90....				2 75	
696	de 0.035.... id.............. id.............. 1.05....				3 20	
697	de 0.040.... id.............. id.............. 1.20....				3 65	
698	de 0.045.... id.............. id.............. 1.35....				4 10	
699	de 0.050.... id.............. id.............. 1.50....				4 60	
700	de 0.055.... id.............. id.............. 1.65....				5 05	
701	de 0.060.... id.............. id.............. 1.80....				5 50	
702	de 0.065.... id.............. id.............. 1.95....				5 95	
703	de 0.070.... id.............. id.............. 2.10....				6 40	
704	de 0.075.... id.............. id.............. 2.25....				6 85	
705	de 0.080.... id.............. id.............. 2.40....				7 30	
706	de 0.090.... id.............. id.............. 2.70....				8 25	
707	de 0.100.... id.............. id.............. 3.00....				9 15	
708	de 0.110.... id.............. id.............. 3.30....				10 05	
709	de 0.120.... id.............. id.............. 3.50 ...				10 70	
710	de 0.130.... id.............. id.............. 3.70....				11 30	
711	de 0.140.... id.............. id.............. 3.90....				11 90	
712	de 0.150.... id.............. id.............. 4.10....				12 50	
713	de 0.160.... id.............. id.............. 4.30....				13 10	
714	Id. de tamponnage, moitié des prix ci-dessus.....................				Observat.	
715	Id. sur cuivre et en empattement, 15 p. 100 en sus des nœuds ordinaires....				Observat.	
716	Id. cuivre sur cuivre, 20 p. 100 en sus des nœuds ordinaires sur plomb.....				Observat.	
	COLLETS en soudure, sur plomb ou sur cuivre ;					
717	engravés, pour bondes d'évier, bondes syphoïdes, etc., la moitié du prix d'un nœud de leur diamètre réel intérieur..........				Observat.	
718	non engravés, 1/4 du prix d'un nœud de leur diamètre réel intérieur.....................................				Observat.	
719	NOEUDS dessoudés, 35 p. 100 du prix d'un nœud sur plomb (2)				Observat.	

(1) NOTA. Le poids normal d'un nœud de soudure étant déterminé, il n'y a pas lieu de se préoccuper de la différence d'épaisseur des tuyaux.

Les prix ci-contre sont établis de la manière suivante :

1 kilog. de soudure........		1 550
Charbon.................		0 275
Ingrédients..............		0 100
		1 925
Déchet 1/40...........		0 048
Ensemble..........		1 973
52 minutes de façon...	0 826	
Faux frais.........	0.130	
	0 956	1 056
Bénéfice......	0 100	
Valeur...........		3 029

Il est évident que la main-d'œuvre ne s'accroît pas exactement dans la proportion des diamètres ; néanmoins, la décroissance n'étant pas également proportionnelle, attendu que le chauffage intérieur des tuyaux d'un certain diamètre augmente la consommation de charbon et la main-d'œuvre, la progression régulière doit être observée.

Une autre considération, dont il n'est pas tenu compte ici, c'est la différence de temps et de déchet qui résulte de la différence de position des tuyaux.

En effet, la confection d'un nœud sur tuyau vertical présente des difficultés spéciales qui, en ralentissant l'exécution, entraînent une plus grande dépense de temps et subsidiairement de charbon, sans préjudice d'une aggravation de déchet.

La soudure sur cuivre, composée d'une partie de plomb et d'une partie d'étain, vaut 25 pour 100 de plus que la soudure à plomb, composée de deux parties de plomb et une partie d'étain, ce qui, par le procédé indiqué plus haut, donne au kilogramme de soudure en œuvre une valeur de 3 fr. 45, au lieu de 3 fr. 05, soit 0.123 pour 100 en plus.

Avec l'apprêt et l'étamage du cuivre on peut donc évaluer les nœuds à 15 pour 100 de plus que les nœuds sur plomb.

(2) Cette évaluation est le résultat moyen de calculs basés sur les sous-détails de confection.

NUMÉROS D'ORDRE.	DÉSIGNATION.	PRIX.	OBSERVATIONS.
		fr. c.	
	Pose de robinet :		
	(Il est formellement entendu que la pose précédant le nœud, chaque bout de robinet soudé donnera droit au prix de pose, comme, par exemple, pour un robinet à deux eaux. Cependant le robinet d'arrêt ou à deux eaux dont un seul bout sera soudé ne comptera que comme un robinet simple).		
720	de 0.015 à 0.030 de diamètre	0 45	
721	de 0.035 à 0.055..... id	0 55	
722	de 0.060 à 0.080..... id	0 65	
723	de 0.090 à 0.110..... id	0 80	
	Par analogie, seront comptés pour pose aux prix ci-dessus :		
724	Les pièces de raccord en cuivre.		
725	Les bondes d'évier (diamètre pris au débit).		
726	Les bondes syphoïdes (diamètre pris au débit).		
727	Les branchements de tuyaux en plomb, suivant le diamètre du tuyau branché.		
	Rodage et rajustement de robinets :		
728	de 0.020 de diamètre et au-dessous	1 00	
729	de 0.025..... id	1 35	
730	de 0.030 et 0.035 de diamètre	2 00	
731	de 0.040 et 0.045..... id	2 75	
732	de 0.050 à 0.060..... id	3 40	
	Joints de brides à 2 boulons (Façon de) :		
733	pour tuyau de 0.010 à 0.030 de diamètre	0 40	
734	id. 0.035 à 0.055..... id	0 50	
735	id. 0.060 à 0.080..... id	0 55	
736	id. 0.090 à 0.110..... id	0 60	
737	pour chaque boulon en sus de deux	0 25	
738	Démontage de joint de brides, même prix que pour façon	Observat.	Évaluer les coupements de boulons en sus quand il y aura lieu et suivant la difficulté de service.
739	Ligature en fil de fer étamé pour raccords de 0.025 à 0.040 de diamètre	0 75	
740	Percement d'un trou de boulon dans une bride en fonte, en fer ou en cuivre, quelle que soit l'épaisseur de la bride, prix moyen	0 70	
	Percements sur tuyaux en fonte à eau forcée ;		
741	trou de 0.013 à 0.041 de diamètre	2 00	
742	trou de 0.050 à 0.108..... id	4 00	
743	trou de 0.135 à 0.300..... id	5 00	
	Id. sur réservoir en tôle :		
744	trou de 0.013 à 0.041 de diamètre	1 50	
745	trou de 0.050 à 0.108..... id	2 50	
746	trou de 0.135 à 0.300..... id	4 00	
	Coupement de tuyau en fonte à eau forcée :		
747	de 0.081 de diamètre	0 75	
748	de 0.108..... id	1 00	
749	de 0.135..... id	1 25	
750	de 0.162..... id	1 50	
751	de 0.190..... id	1 75	
752	de 0.216..... id	2 00	
753	de 0.250..... id	2 50	
754	de 0.300..... id	3 00	
755	de 0.325..... id	3 25	
756	de 0.350..... id	3 50	
757	de 0.400..... id	4 00	
758	de 0.500..... id	5 00	
759	de 0.600..... id	6 00	
760	Id. sur le tas de tuyau en fonte pour chausse d'aisances et descente d'eaux ménagères et pluviales ; mêmes prix que ci-dessus	Observat.	

NUMÉROS D'ORDRE.	DÉSIGNATION.	PRIX.	OBSERVATIONS.
		fr. c.	
	Pose d'une bouche d'arrosage, y compris massif en maçonnerie, fouille et remblai de terre :		
761	pour tuyau de 0.027 de diamètre	5 00	
762	pour tuyau de 0.040..... id	6 00	
763	pour tuyau de 0.055..... id	7 00	
	Prise d'eau sur conduite en fonte, compris robinet d'arrêt, 1m00 de tuyau en plomb et bouche à clef en bois :		

	Diamètres....	0 020	0.027	0.040	0.060
		fr. c.	fr. c.	fr. c.	fr. c.
764	avec percement (non compris fourniture de collier à lunette)	55 00	60 00	100 00	135 00
765	sur tubulure	60 00	65 00	95 00	130 00

NUMÉROS D'ORDRE.	DÉSIGNATION.	PRIX.	OBSERVATIONS.
766	Pose d'une bouche à clef, y compris fournitures pour le tabernacle, fouille et remblai	7 00	
767	sans fournitures	4 00	
	Trous et scellements pour colliers de tuyaux, en moëllon, brique, plâtras ou pierre tendre :		
768	pour tuyau de 0.013 de diamètre	0 25	
769	id. 0.020..... id	0 30	
770	id. 0.025..... id	0 30	
771	id. 0.030..... id	0 30	
772	id. 0.035..... id	0 40	
773	id. 0.040..... id	0 40	
774	id. 0.045..... id	0 40	
775	id. 0.050..... id	0 45	
776	id. 0.055..... id	0 45	
777	id. 0.600..... id	0 50	
778	id. 0.800..... id., et au-dessus	0 75	
779	en pierre dure, le double des prix ci-dessus, non compris le scellement qui sera compté séparément	Observat.	
	OBSERVATIONS.		
780	Les travaux exécutés de nuit ou dans un puits ou dans une galerie non éclairée seront payés moitié en sus	Observat.	
781	La lumière comptée à part	Observat.	
782	Les travaux exécutés hors Paris donneront lieu à une indemnité de campagne fixée à 3 francs par jour pour un compagnon et son aide. En outre, le transport du personnel et du matériel, outillage et marchandises, sera remboursé à l'entrepreneur avec 10 p. 0/0 de bénéfice pour avance de fonds. Il sera également tenu compte de l'emballage. Le temps passé en voyage par les ouvriers sera nécessairement payé à l'entrepreneur	Observat.	
783	Dans Paris, pour travaux minimes n'ayant pas employé la journée, il sera alloué en sus du travail, une heure de compagnon et aide pour déplacement.	Observat.	
	FOURNITURES DIVERSES.		
	Bondes d'évier, pour fourniture seulement :		
784	de 0.025 de diamètre ..... la pièce.	1 10	
785	de 0.035..... id ..... id...	1 45	
786	de 0.040..... id ..... id...	1 95	
787	de 0.050..... id ..... id...	2 10	
788	de 0.060..... id ..... id...	2 40	
	Id. syphoïde (diamètre pris à la douille) :		
789	de 0.022 de diamètre ..... id...	2 75	
790	de 0.025..... id ..... id...	3 30	
791	de 0.034..... id ..... id...	4 40	
792	de 0.040..... id ..... id...	4 95	
793	de 0.047..... id ..... id...	6 60	

NUMÉROS D'ORDRE.	DÉSIGNATION.	PRIX.	OBSERVATIONS.
		fr. c.	
	BOULONS en fer :		
794	de 0.030 de longueur................................la pièce.	0 11	
795	de 0.055..... id.................................... id...	0 13	
796	de 0.060..... id.................................... id...	0 15	
797	de 0.065..... id.................................... id...	0 17	
798	de 0.070..... id.................................... id...	0 19	
799	de 0.075..... id.................................... id...	0 21	
800	de 0.080..... id.................................... id...	0 23	
801	de 0.085..... id.................................... id...	0 25	
802	de 0.090..... id.................................... id...	0 27	
803	de 0.095..... id.................................... id...	0 30	
804	de 0.100..... id.................................... id...	0 35	
805	de 0.105..... id.................................... id...	0 40	
806	de 0.110..... id.................................... id...	0 45	
	BRIDES ovales en fer (la pièce) :		
807	de 0.045 de diamètre intér., pour tuyaux de 0.025 de diamètre.	0 60	
808	de 0.050............. id............. 0.030...... id...	0 70	NOTA. — Les brides rondes, percées de trois trous, valent moitié de plus que les brides ovales.
819	de 0.060............. id............. 0.040...... id...	0 80	
810	de 0.065............. id............. 0.050...... id...	0 90	
811	de 0.070............. id............. 0.060...... id...	1 00	
812	de 0.090............. id............. 0.070...... id...	1 30	
813	de 0.100............. id............. 0.080...... id...	1 45	
814	de 0.130............. id............. 0.110...... id...	1 90	
815	de 0.160............. id............. 0.130...... id...	2 40	
816	de 0.180............. id............. 0.150...... id...	2 75	
817	de 0.210............. id............. 0.190...... id...	3 25	
818	de 0.240............. id............. 0.220...... id...	3 80	
829	de 0.270............. id............. 0.250...... id...	4 35	
820	de 0.290............. id............. 0.270...... id...	4 75	
821	de 0.320............. id............. 0.300...... id...	5 30	
822	de 0.350............. id............. 0.330...... id...	5 90	
823	au poids.................................... le kilog.	1 65	
	CLAVETTES doubles en cuivre rouge :		
824	pour robinet de 0.027 de diamètre............................	0 30	
825	id. de 0.034... id............................	0 40	
826	id. de 0.041... id............................	0 50	
827	id. de 0.054... id............................	0 75	
828	id. de 0.081... id............................	1 00	
829	id. de 0.108... id............................	1 50	
	COLLIERS à lunette, y compris boulons :		
830	pour tuyau de 0.081 de diamètre et au-dessous.............	3 80	
831	id. de 0.108... id............................	4 00	
832	id. de 0.135... id............................	4 30	
833	id. de 0.162... id............................	4 80	
834	id. de 0.190... id............................	5 80	
835	id. de 0.216... id............................	6 80	
836	id. de 0.250... id............................	7 00	
837	id. de 0.300... id............................	7 80	
838	id. de 0.325... id............................	8 00	
839	id. de 0.350... id............................	8 80	
840	id. de 0.400... id............................	10 00	
841	id. de 0.500... id............................	16 80	
842	id. de 0.600... id............................	20 00	
843	id. de 0.800... id............................	28 00	
	CUIRS gras (Rondelles de pression en) :		
844	pour tuyau de 0.025 de diamètre........................	0 23	
845	id. de 0.034... id............................	0 25	
846	id. de 0.040... id............................	0 30	
847	id, de 0.060... id............................	0 40	
848	id. de 0.080... id............................	0 50	
849	id. de 0.108... id............................	0 70	
850	id. de 0.135... id............................	0 90	
851	id. de 0.150... id............................	1 00	

NUMÉROS D'ORDRE.	DÉSIGNATION.	PRIX.	OBSERVATIONS.
		fr. c.	
	CUIRS gras (Rondelles de pression en) (*Suite*) :		
852	pour tuyau de 0.162 de diamètre	1 10	
853	id. de 0.190... id	1 30	
854	id. de 0.216... id	1 50	
855	id. de 0.250... id	1 70	
856	id. de 0.300... id	1 90	
857	id. de 0.325... id	2 00	
858	id. de 0.350... id	2 20	
859	id. de 0.400... id	2 50	
860	id. de 0.500... id	3 00	
	RACCORDS en cuivre, de 3 pièces :		
861	de 0.015 de diamètre intérieur	2 50	
862	de 0.020....... id	2 75	
863	de 0.025....... id	3 25	
864	de 0.030....... id	4 00	
865	de 0.035....... id	5 25	
866	de 0.040....... id	7 00	
	Id à incendie :		
867	de 0.020 de diamètre intérieur	2 30	
868	de 0.025....... id	2 90	
869	de 0.030....... id	3 80	
870	de 0.035....... id	4 60	
871	de 0.040....... id	6 00	
	ROBINETS en cuivre, à tête et à deux eaux pesant moins de 3 kilogrammes :		
872	de 0.010 de diamètre intérieur	2 75	NOTA. — L'alliage de cuivre pour robinets doit être composé de : 100 parties de cuivre, 50 parties de zinc, 8 parties d'étain.
873	de 0.013....... id	3 30	
874	de 0.015....... id	3 85	
875	de 0.018....... id	4 70	
876	de 0.020....... id	5 75	
877	de 0.023....... id	6 30	
878	de 0.025....... id	6 70	
879	de 0.027....... id	7 30	
880	de 0.030....... id	11 00	
	ROBINETS en bronze :		
881	de 0.010 de diamètre intérieur	3 60	Les robinets d'un diamètre supérieur aux plus forts diamètres indiqués ci-dessus seront fournis au poids.
882	de 0.013....... id	5 00	
883	de 0.015....... id	5 50	
884	de 0.018....... id	6 00	
885	de 0.020....... id	7 25	
886	de 0.023....... id	8 10	
887	de 0.025....... id	9 00	
888	de 0.027....... id	9 75	
889	de 0.030....... id	11 50	
	Id. en cuivre, à S :		
890	de 0.013 de diamètre	5 20	
891	de 0.020....... id	7 15	
892	de 0.027....... id	11 00	
	Id. flotteurs en cuivre, sans brides :		
893	de 0.013 de diamètre	3 85	
894	de 0.018....... id	4 40	
895	de 0.020....... id	5 20	
896	de 0.025....... id	6 80	
897	de 0.027....... id	7 40	
898	de 0.035....... id	10 45	
	Id. flotteurs avec brides :		
899	de 0.013 de diamètre	6 05	
900	de 0.018....... id	7 15	Les robinets à repoussoir et autres de systèmes brevetés seront taxés aux prix de fabrique avec augmentation d'un dixième pour bénéfice.
901	de 0.020....... id	8 00	
902	de 0.027....... id	11 80	
903	de 0.035....... id	16 00	

NUMÉROS D'ORDRE.	DÉSIGNATION.	PRIX.	OBSERVATIONS.
		fr. c.	
	ROBINETS col de cygne, avec raccord et rosace :		
904	de 0.040 de diamètre	4 15	
905	de 0.013....... id	6 30	
906	de 0.018....... id	8 50	
907	de 0.023....... id	11 50	
908	de 0.027....... id	15 50	
	Id. de jauge à 3 clés, avec moraillon et cadenas :		
909	de 0.021 de diamètre	27 50	
910	de 0.027....... id	35 00	
911	Le cadenas seul	5 00	
	FLOTTEURS sphériques en cuivre rouge étamé :		
912	pour robinets de 0.015 de diamètre	8 75	
913	id. 0.020..... id	10 25	
914	id. 0.025..... id	12 50	
915	Id. en zinc : pour robinets de 0.015..... id	4 00	
916	id. 0.020..... id	5 00	
917	id. 0.025..... id	6 00	
	RONDELLES en cuivre pour robinets :		
918	pour robinets de 0.027 de diamètre	0 35	
919	id. 0.034..... id	0 50	
920	id. 0.041..... id	0 95	
921	id. 0.054 pesant kilog. 0.430	1 55	
922	id. 0.081..... id.... 0.850	2 75	
923	id. 0.108..... id.... 1.200	3 70	
	PIÈCES DE RECHANGE pour robinets à clapet,		
	chapeau, pour robinet :		
924	de 0.013 de diamètre	1 40	
925	de 0.020..... id	1 85	
926	de 0.025..... id	2 30	
	clapet avec sa garniture pour robinet :		
927	de 0.013 de diamètre	1 40	
928	de 0.020..... id	1 85	
929	de 0.025..... id	2 30	
	clef sans poignée pour robinet :		
930	de 0.013 de diamètre	1 70	
931	de 0.020..... id	2 25	
932	de 0.025..... id	2 80	
	douille pour robinet :		
933	de 0.013 de diamètre	1 70	
934	de 0.020..... id	2 25	
935	de 0.025..... id	2 80	
936	garniture en caoutchouc, de 0.013 à 0.025	0 75	
937	palette pour robinet de 0.013 à 0.025	1 00	
	poignée en traverse de clef, goupille comprise ; pour robinet :		
938	de 0.013 de diamètre	1 40	
939	de 0.020..... id	1 75	
940	de 0.025..... id	2 05	
941	ressorts	1 00	
942	rondelle en cuir pour joint	0 25	
	Id. pour robinets à bascule :		
	levier, pour robinets :		
943	de 0.013 de diamètre	1 70	
944	de 0.020..... id	2 25	
945	de 0.025..... id	2 80	
	clapet à charnière ou mortaise, pour robinet :		
946	de 0.013 de diamètre	1 70	
947	de 0.020..... id	2 25	
948	de 0.025..... id	2 80	
949	Le reste, par analogie avec les pièces de robinet à clapet	Observat.	

NUMÉROS D'ORDRE.	DÉSIGNATION.	PETIT MODÈLE.	MOYEN MODÈLE.	GRAND MODÈLE.	OBSERVATIONS.
		fr. c.	fr. c.	fr. c.	
	PIÈCES DE RECHANGE ET RÉPARATIONS				
	POUR APPAREILS DE GARDE-ROBE, SIMPLE, A TIRAGE				
950	Boulons en cuivre avec écrous, petits	0 35	0 35	0 35	
951	Boulons en cuivre avec écrous, gros	0 50	0 50	0 50	
952	Bouton en bois avec garniture en cuivre	0 60	0 75	0 90	
953	Bouton en cuivre	1 35	1 50	1 80	
954	Balancier engrenage compris rivure sans contre-poids	»	3 10	3 60	
955	Balancier engrenage compris rivure avec contre-poids en plomb.	»	4 40	5 50	
956	Contre-poids en plomb (Fonte et ajustage de)	1 45	1 45	1 45	
957	Contre-poids en plomb (Echange de)	0 60	0 70	0 80	
958	Coulisseau ou tube, sans écrou	1 55	1 75	2 15	
959	Coulisseau ou tube, avec écrou	1 75	1 95	2 35	
960	Cuvette en faïence, neuve, pour fourniture seulement	4 00	4 50	5 50	
961	Cuvette en porcelaine, neuve......... id	7 00	7 50	8 50	
962	Cuvette neuve ou vieille pour pose et scellement au plâtre	0 60	0 70	0 80	
963	Cuvette vieille pour nettoyage à l'acide muriatique	0 50	0 60	0 70	
964	Ecrou de coulisseau, seul	0 50	0 55	0 60	
965	Joint de platines fait au mastic gras	0 35	0 40	0 50	
966	Nettoyage de mécanisme y compris, démontage, remontage et graissage	1 80	2 00	2 20	
967	Pièce rapportée et soudée, prix minimum	0 50	0 55	0 60	
968	Platine et culotte en fonte, pour fourniture seulement	4 60	5 00	5 50	
969	Poignée-gibecière en cuivre, sans vis	1 50	2 00	2 00	
970	Poignée-gibecière en cuivre, avec vis	1 60	2 15	2 15	
971	Rivure, y compris percement ou agrandissement du trou	0 15	0 15	0 15	
972	Rosace	»	0 75	0 90	
973	Tourillon	0 50	0 60	0 60	
974	Tringle en cuivre, avec contre-poids	3 40	»	»	
975	Tringle en cuivre sans contrepoids	2 60	»	»	
976	Tube (voir Coulisseau)	»	»	»	
977	Valve	4 60	6 00	7 25	
978	Virole en cuivre, sans percement de trous	2 90	3 40	4 20	
979	Virole en cuivre, avec percement ou alésage de trous	3 40	3 90	4 75	
	POUR APPAREILS A TIRAGE, A EFFET D'EAU.				
980	NOTA.—La désignation des pièces communes aux appareils simples et aux appareils à effet d'eau ne sera pas répétée. Voir leurs prix aux appareils simples	Observat.	Observat.	Observat.	
981	Clef (Remplacement d'une)	2 40	2 40	3 60	
982	Culotte en fonte et sa platine	6 00	6 00	7 25	
983	Cuvette en faïence à douille	6 50	7 00	7 50	
984	Cuvette en porcelaine à douille	9 50	10 00	10 50	
985	Cuvette pour pose et scellement au plâtre	0 70	0 70	0 85	
986	Ligature, y compris toutes fournitures (mastic, toile, ficelle, vernis).	0 60	0 60	0 70	
987	Nettoyage de mécanisme, y compris démontage, remontage et graissage	2 50	2 50	2 80	
988	Robinet seul, fourni	5 00	5 00	7 00	
989	Robinet fourni avec brides et boulons	6 85	6 85	8 40	
990	Robinet fourni avec brides et boulons, tuyau en plomb et nœud en soudure	8 50	8 50	10 20	
991	Robinet pour montage sur la platine, y compris percement de trous et fourniture de vis	1 25	1 25	1 50	
992	Robinet vieux rajusté, y compris réglage de son écrou	1 70	1 70	1 85	
993	Secteur engrenage monté sur la clef, prix moyen	2 00	2 00	2 50	
994	Ecrou pour fixer le secteur à la clef, fourni et posé	0 40	0 40	0 40	
	POUR APPAREILS SIMPLES, POIGNÉE TOURNANTE A UN SEUL CROCHET.				
995	Béquille ou pièce à crochet	0 45	0 55	0 70	
996	Contre-poids en fonte	2 00	2 50	3 00	
997	Contre-poids en plomb	2 45	3 15	3 70	
998	Crochet	1 00	1 25	1 50	
999	Douille pour la tige	1 50	1 90	2 25	
1000	Ecrou pour fixer la béquille à la tige	0 35	0 45	0 55	
1001	Goupille, y compris percement de son trou	0 25	0 25	0 25	
1002	Poignée seule	1 30	1 65	1 95	

NUMÉROS D'ORDRE.	DÉSIGNATION.	PETIT MODÈLE.	MOYEN MODÈLE.	GRAND MODÈLE.	OBSERVATIONS.
		fr. c.	fr. c.	fr. c.	
1003	Poignée avec son manche......................	1 50	1 90	2 25	
1004	Rivure de contre-poids en cuivre rouge..................	0 25	0 25	0 25	
1005	Tige seule....................................	1 75	2 20	2 60	
1006	Tourillon......................................	0 60	0 75	0 90	
1007	Valve, avec sa disposition de pièce à crochet..............	3 60	4 50	5 40	
1008	Virole en cuivre pour cuvette....................	2 50	3 15	3 75	
1009	Nettoyage de mécanisme, y compris démontage, remontage et graissage......................	1 80	2 00	2 20	
	POUR APPAREILS A POIGNÉE TOURNANTE A UN SEUL CROCHET ET A EFFET D'EAU.				
1010	Mêmes pièces que ci-dessus aux mêmes prix..............	Observat.	Observat.	Observat.	
1011	Robinet tout armé..............................	7 00	8 75	10 50	
1012	Secteur-engrenage..............................	0 75	0 95	1 15	
1013	Secteur-béquille engrenage......................	0 90	1 15	1 35	
1014	Chapeau de robinet	1 50	1 95	2 25	
1015	Clef..	2 25	2 85	3 40	
	POUR APPAREILS A POIGNÉE TOURNANTE A EFFET D'EAU, MAIS A DOUBLE CROCHET.				
1016	Les pièces communes avec les systèmes précédents, aux mêmes prix..............................	Observat.	Observat.	Observat.	
1017	Arc-boutant en cuivre pour consolider la valve avec son contre-poids, y compris soudure des extrémités............	0 90	1 15	1 35	
1018	Dent en cuivre de secteur, de crémaillère, etc., ajustée et soudée	0 90	1 15	1 35	
1019	Lanterne à la tige	1 00	1 25	1 50	
1020	Renforcement d'un tourillon ou bout d'arbre, par application de viroles en cuivre, ou bouchement de béquille..........	0 50	0 65	0 75	
1021	Réparation de valve : moitié d'arbre....................	1 80	2 25	2 70	
1022	Réparation de valve : arbre détaché recevant la valve par rivure ou soudure..............................	2 40	3 00	3 60	
1023	Soudure d'une valve à son arbre....................	2 00	2 50	3 00	
1024	Valve ronde, sans arbre..........................	3 10	3 90	4 65	
1025	Percement d'un trou dans un contre-poids en fonte pour recevoir un bouchon destiné à amortir le bruit du contre-poids ou à diminuer le développement de la valve..............	0 65	0 65	0 65	

Prix généraux complétant la série des réparations d'appareils.

NUMÉROS D'ORDRE.	DÉSIGNATION.	PRIX	OBSERVATIONS.
1026	APPAREIL : simple déposé sur place, avec dévissage ou coupement des boulons	0 70	
1027	simple reposé, y compris serrage des boulons................	1 00	Sans préjudice du prix de joint en mastic, n° 969.
1028	à effet d'eau déposé comme ci-dessus, avec démontage du joint de brides du robinet..............................	1 00	
1029	à effet d'eau reposé, avec réfection du joint de brides..........	1 40	*Idem.*
	NOEUD ou calfeutrement d'emboîture :		
1030	fait en plâtre sans dépose d'appareil (pipe de 0.16 de diamètre).	0 80	
1031	fait en ciment sans dépose d'appareil........... id.........	1 20	
1032	fait en plâtre au moment de la pose de l'appareil. id..........	0 65	
1033	fait en ciment au moment de la pose de l'appareil. id..........	0 95	
1034	DÉMOLITION de massif avec conservation d'appareil..................	1 00	NOTA. — Les appareils neufs seront taxés aux prix de fabrique augmentés de 10 p. 0/0 pour bénéfice.
1035	DESCELLEMENT de pipe avec soin pour conservation..................	1 20	
	MASSIF en plâtras et plâtre pour scellement d'appareil :		
1036	petit modèle..............................	2 00	
1037	moyen modèle..............................	2 50	
1038	grand modèle..............................	3 00	
1039	NETTOYAGE sur place d'une culotte d'appareil ou cuvette en fonte............	0 75	
1040	POSE de pipe (comme tuyau en plomb suivant diamètre, par analogie avec les n°s 525 à 541).............................. le mètre.	1 50	
1041	SCELLEMENT de pipe, à bain de plâtre.............. le mètre de profondeur.	4 00	
	SIÉGE en menuiserie :		
1042	pour dépose et rangement, y compris plinthes..................	0 60	
1043	pour repose, y compris clouage des plinthes..................	1 00	
1044	TRANSPORT d'appareil, aller et retour, prix moyen, une heure de plombier et aide..............................	1 30	

DEUXIÈME PARTIE

Sous-détails raisonnés des prix appliqués aux 478 premiers articles du Tarif, formant la première partie de l'ouvrage.

Les numéros des articles du Tarif sont les mêmes que ceux des articles sous-détaillés d'où ils sont extraits.

COUVERTURE EN ARDOISES ET EN TUILES

MATÉRIAUX ET JOURNÉES

PRIX DE BASE

NUMÉROS D'ORDRE.	DÉSIGNATION.	NUMÉROS.	HAUTEUR	LARGEUR.	PUREAU.	PRIX du mill sans bénéfice.
						fr. c.
1		1	0m640	0m360	0m280	315 00
2		2	0 608	0 360	0 265	292 00
3		3	0 608	0 304	0 265	242 00
4		4	0 558	0 279	0 240	193 00
5	ARDOISES dites anglaises de 0.005 d'épaisseur, d'Angers ou de Caumont-l'Éventé.	5	0 508	0 254	0 215	156 00
6		6	0 458	0 254	0 190	137 00
7		7	0 406	0 203	0 165	105 00
8		8	0 355	0 203	0 140	85 00
9		9	0 355	0 177	0 140	75 00
10		10	0 305	0 165	0 115	55 00
11	ARDOISES grandes carrées d'Angers, de Caumont-l'Éventé........	1er mod.	0 324	0 222	0 110	50 00
12	Id. de Rimogne et du Moulin-Sainte-Anne...............	2e mod.	0 297	0 216	0 110	46 00
13	Id. cartelettes..	......	0 240	0 160	0 080	36 00
14	Id. de Fumay (grandes carrées)........................	......	0 297	0 216	0 110	36 00
15	TUILES plates de Bourgogne — grand moule....................				......	100 00
16	TUILES plates de Bourgogne — petit moule.....................				......	65 00
17	TUILES vieilles de Bourgogne, plates, grand moule..............				......	50 00
18	TUILES creuses de Bourgogne de 0m16 de diamètre et 0m30 de longueur........				......	160 00
					fr. c	
19	TUILES à emboîtement. — système Muller — Prix d'achat à Ivry, le mille...............				200 00	
	Remise 20 p. 0/0........................				40 00	
	Net.....................				160 00	
	Octroi..				10 00	
	Transport et déchargement...............				18 00	
	Prix de revient............				——	188 00
20	TUILES à emboîtement. — de Montchanin — Le mille, pris à Ivry				190 00	
	Octroi..				10 00	
	Transport et déchargement...............				18 00	
	Prix de revient............				——	218 00

NOTA. — Les demi-tuiles de système àemboîtement coûtent le même prix que les tuiles entières.

NUMÉROS D'ORDRE.	DÉSIGNATION.	PRIX.
		fr. c.
21	FAÎTIÈRES de Bourgogne ordinaires ..... le cent.	50 00
22	FAÎTIÈRES de Bourgogne à bourrelet ..... id ..	60 00
23	FAÎTIÈRES Muller ordinaires (de 0m50 de longueur) ..... le cent.	40 00
24	FAÎTIÈRES Muller à bourrelet (de 0.50 de longueur ..... id...	75 00
25	FAÎTIÈRES Montchanin unies, à bourrelet (de 0.35 de longueur) ..... id...	60 00
26	FAÎTIÈRES Montchanin losangées (de 0.40 de longueur ..... id ..	75 00
	NOTA. — Toutes ces faîtières sont pour travaux ordinaires; quant aux modèles spéciaux, moulurés, échancrés, etc., voir *les Tarifs particuliers.*	
	TUILES-ARÊTIÈRES, systèmes Muller et Montchanin, mêmes prix que les faîtières.	
27	CLOUS : en cuivre rouge, pour ardoises anglaises (440 au kil.) le kilog. 5f 00...... le mille.	11 35
28	en fer pour ardoises ordinaires (1000 au kilog) ..... id...	1 50
29	à voliges (350 au kilog.) ..... le kilog. 1 00 ..... id...	3 00
30	à lattes (750 au kilog.) ..... le kilog. 1 10 ..... id. .	1 47
31	mariniers (170 au kilog.) ..... le kilog. 1 10 ..... id...	6 47
32	LATTES cœur de chêne (104 bottes pour 165f 00; 100 bottes pour 158f 65) ..... le mètre.	0 023
33	VOLIGES : en sapin, champlattées, de 0.08 de large et $\frac{0.03 + 0.02}{2}$ d'épaisseur ..... id...	0 20
34	en peuplier, de 0.013 d'épaisseur × 2m00 de longueur (104 voliges pour 25f 00) . id...	0 12
35	LITEAUX en sapin pour tuiles à emboîtement ..... id...	0 06
36	PLATRE ..... le mètre cube.	17 50
	NOTA. — Il est bien entendu que les prix ci-dessus ne comportent que les déboursés et doivent être augmentés de 1/10 pour bénéfice en cas de livraison simple, c'est-à-dire, de fourniture sans emploi.	
	JOURNÉES (9 heures du 15 mars au 15 novembre; 8 heures du 15 novembre au 15 mars) :	
37	de compagnon couvreur ..... déboursé.	6 25
38	de garçon couvreur ..... id...	4 25
39	de gardien de rue ..... id...	3 40
	JOURNÉES en régie :	
	de couvreur et aide: Déboursé ..... 10f 500; Faux frais, 15 p. 0/0 ..... 1 575; (ensemble 12 075); Bénéfice 1/10 ..... 1 208	13 28
	de gardien de rue: Déboursé ..... 3 400; Faux frais 15 p. 0/0 ..... 0 500; (ensemble 3 900); Bénéfice 1/10 ..... 0 400	4 30
	JOURNÉES de compagnon et aide appliquées aux travaux :	
	8 mois ou 2/3 de l'année à 9 heures par jour prodt 18	
	4 mois ou 1/3 de l'année à 8 heures par jour prodt 8	
	Ensemble, ... 26	
	Dont 1/3 produit une journée moyenne de ..... 8 heures 2/3 à 10f 50 par jour, prix de déboursé, produit pour une heure	1 215

COUVERTURE EN ARDOISES.

OUVRAGE AU MÈTRE SUPERFICIEL.

Ardoises anglaises fournies, sur voliges neuves en sapin.

40. N° 1. — *Pureau de* 0m28.

9,92 ardoises, à 315f 00 le mille........	3f 125		
20 clous en cuivre, à 11f 35 le mille....	0 227		
3.60 volige sapin, de 0m08 de largeur, sur 0m03 d'épaisseur d'un champ et 0m02 de l'autre, à 0f 20 le mètre.............	0 720		
18 clous à volige, à 3f le mille...........	0 054		
	4 126	4 229	
Déchet 1/40..............	0 103		
27 minutes de compagnon et aide, à 1f 215 l'heure............................	0 547	0 629	
Faux frais, 15 p. 0/0 de la main-d'œuvre.	0 082		
		4 858	
Bénéfice 1/10.....................		0 486	
Valeur........			5 344

41. N° 2. — *Pureau de* 0m265.

10,48 ardoises, à 292f le mille..........	3f 060		
21 clous en cuivre, à 11f 35 le mille.....	0 238		
3.80 volige en sapin de même modèle que pour le n° 1, à 0f 20 le mètre........	0 760		
19 clous à volige, à 3f 00 le mille.......	0 057		
	4 115	4 218	
Déchet 1/40..............	0 103		
27 minutes de façon..................	0 547	0 629	
Faux frais...........................	0 082		
		4 847	
Bénéfice 1/10.....................		0 485	
Valeur........			5 332

42. N° 3. — *Pureau de* 0m265.

12,40 ardoises, à 242f 00 le mille.......	3f 000		
25 clous en cuivre, à 11f 35 le mille....	0 284		
3.80 volige sapin comme pour le n° 1, à 0f 20..............................	0 760		
19 clous à volige, à 3f le mille.........	0 057		
	4 101	4 204	
Déchet 1/40..............	0 103		
27 minutes de façon..................	0 547	0 629	
Faux frais...........................	0 082		
		4 833	
Bénéfice 1/10.....................		0 483	
Valeur.........			5 316

43. N° 4. — *Pureau de* $0^m 24$.

14,92 ardoises, à $193^f 00$ le mille....... $2^f 880$
30 clous en cuivre, à $11^f 35$ le mille..... 0 341
4.20 volige sapin, à $0^f 20$ le mètre...... 0 840
21 clous à volige, à $3^f 00$ le mille....... 0 063

4 124 } 4 227
Déchet 1/40.............. 0 103 }

30 minutes de façon, à $1^f 215$ l'heure... 0 608 } 0 699
Faux frais, 15 p. 0/0 de la main-d'œuvre. 0 091 }

4 926
Bénéfice 1/10...................... 0 493
Valeur........ 5 419

44. N° 5. — *Pureau de* $0^m 215$.

18,31 ardoises, à 156^f le mille.......... $2^f 856$
37 clous en cuivre, à 11^f 35 le mille.... 0 420
4.65 volige sapin, à $0^f 20$ le mètre...... 0 930
24 clous à volige, à $3^f 00$ le mille....... 0 072

4 258 } 4 364
Déchet 1/40.............. 0 106 }

35 minutes de façon, à $1^f 215$ l'heure.... 0 709 } 0 815
Faux frais, 15 p. 0/0 de la main-d'œuvre. 0 106 }

5 179
Bénéfice 1/10...................... 0 518
Valeur........ 5 697

45. N° 6. — *Pureau de* $0^m 19$.

20,70 ardoises, à $137^f 00$ le mille...... $2^f 836$
41 clous en cuivre, à $11^f 35$ le mille.... 0 465
5.30 volige chanfreinée en sapin, à $0^f 20$. 1 060
27 clous à volige, à $3^f 00$ le mille...... 0 081

4 442 } 4 553
Déchet 1/40.............. 0 111 }

35 minutes de façon, à $1^f 215$ l'heure.... 0 709 } 0 815
Faux frais........................... 0 106 }

5 368
Bénéfice 1/10...................... 0 537
Valeur........ 5 905

Ardoises anglaises non fournies

SUR VOLIGES FOURNIES

46. N° 1

20 clous en cuivre, à $11^f 35$ le mille..... $0^f 227$
3.60 de volige, à $0^f 20$ le mètre......... 0 720
18 clous à volige, à 3^f 00 le mille........ 0 054

1 001 } 1 026
Déchet 1/40............. 025 }

27 minutes de façon, à $1^f 215$ l'heure..... 0 547 } 0 629
Faux frais, 15 p. 100 de la main-d'œuvre.. 0 082 }

1 655
Bénéfice 1/10.... .... 0 166
Valeur........ 1 821

Nota. Lorsque les ardoises non fournies proviendront de découverture, si elles ont été retaillées au moment de leur réemploi, la retaille sera assimilée aux tranchis de l'espèce à laquelle elle appartiendra ; en outre, par suite de la réduction des dimensions normales des ardoises, quelqu'en soit le numéro, on appliquera le prix du mètre superficiel par analogie suivant la quantité en œuvre par mètre.

47. **N° 2.**

21 clous en cuivre	0^f 238		
3.80 volige	0 760		
19 clous à volige	0 057		
	1 055	1 081	
Déchet 1/40	0 026		
27 minutes de façon	0 547	0 629	
Faux frais	0 082		
		1 710	
Bénéfice 1/10		0 171	
Valeur			1 881

Exemple : 12 ardoises n° 1, retaillées, produisant la même surface que 12 ardoises n° 3 entières, on appliquera à un mètre superficiel d'ardoises n° 1, le prix de 1.00 d'ardoises n° 3.

Et 12 ardoises n° 1 retaillées, produisant chacune 0^m,28 de tranchis droit, il y aura lieu de demander $0^m,28 \times 12$ de tranchis droit sur ardoise non fournie.

Enfin, dans le cas où la retaille des deux rives des ardoises serait nécessaire, le tranchis serait demandé en conséquence, mais il en serait justifié par attachement.

48. **N° 3.**

25 clous en cuivre	0^f 284		
3.80 volige	0 760		
19 clous	0 057		
	1 101	1 129	
Déchet 1/40	0 028		
27 minutes de façon	0 547	0 629	
Faux frais	0 082		
		1 758	
Bénéfice 1/10		0 176	
Valeur			1 934

49. **N° 4.**

30 clous en cuivre	0^f 341		
4.20 de volige	0 840		
21 clous à volige	0 063		
	1 244	1 275	
Déchet 1/40	0 031		
30 minutes de façon	0 608	0 699	
Faux frais	0 091		
		1 974	
Bénéfice 1/10		0 197	
Valeur			2 171

50. **N° 5.**

37 clous en cuivre, à 11^f 35 le mille	0^f 420		
4.65 volige, à 0^f 20 le mètre	0 930		
24 clous à volige, à 3^f 00 le mille	0 072		
	1 422	1 458	
Déchet 1/40	0 036		
35 minutes de façon, à 1^f 215 l'heure	0 709	0 815	
Faux frais, 15 p. 0/0 de la main-d'œuvre.	0 106		
		2 273	
Bénéfice 1/10		0 227	
Valeur			2 500

51. **N° 6.**

41 clous en cuivre, à 11^f 35 le mille	0^f 465		
5.30 volige en sapin, à 0^f 20 le mètre	1 060		
27 clous à volige, à 3^f 00 le mille	0 081		
	1 606	1 646	
Déchet 1/40	0 040		
35 minutes de façon	0 709	0 815	
Faux frais	0 106		
		2 461	
Bénéfice 1/10		0 246	
Valeur			2 707

Ardoises anglaises non fournies.

Sur voliges non fournies, mais avec clous fournis.

52. N° 1.

20 clous en cuivre, à 11f 35 le mille.....	0f 227		
18 clous à volige, à 3f 00 le mille.......	0 054		
	0 281	0 288	
Déchet 1/40..............	0 007		
Main-d'œuvre et faux frais....................		0 629	
		0 917	
Bénéfice 1/10.....................		0 092	
Valeur........			1 009

53. N° 2.

21 clous en cuivre.....................	0f 238		
19 clous à volige......................	0 057		
	0 295	0 302	
Déchet 1/40..............	0 007		
Main-d'œuvre et faux frais......................		0 629	
		0 931	
Bénéfice 1/10.....................		0 093	
Valeur........			1 024

54. N° 3.

25 clous en cuivre.....................	0f 284		
19 clous à volige......	0 057		
	0 341	0 350	
Déchet 1/40..............	0 009		
Main-d'œuvre et faux frais......................		0 629	
		0 979	
Bénéfice 1/10.....................		0 098	
Valeur........			1 077

55. N° 4.

30 clous en cuivre.....................	0f 341		
21 clous à volige......................	0 063		
	0 404	0 414	
Déchet 1/40..............	0 010		
Main-d'œuvre et faux frais......................		0 699	
		1 113	
Bénéfice 1/10.....................		0 111	
Valeur........			1 224

56. N° 5.

37 clous en cuivre.....................	0f 420		
24 clous à volige......................	0 072		
	0 492	0 504	
Déchet 1/40..............	0 012		
Main-d'œuvre et faux frais......................		0 815	
		1 319	
Bénéfice 1/10.....................		0 132	
Valeur........			1 451

57. N° 6.

41 clous en cuivre....................	0f 465		
27 clous à volige....................	0 081		
	0 546	0 560	
Déchet 1/40.............	0 014		
Main-d'œuvre et faux frais......................		0 815	
		1 375	
Bénéfice 1/10.....................		0 138	
Valeur........			1 513

Ardoises anglaises à façon.

y compris voligeage, sans aucune espèce de fourniture.

58. N° 1.

Main-d'œuvre et faux frais............	0f 629	0f 692
Bénéfice 1/10............	0 063	

59. N° 2.

Main-d'œuvre et faux frais............	0 629	0 692
Bénéfice 1/10............	0 063	

60. N° 3.

Main-d'œuvre et faux frais............	0 629	0 692
Bénéfice 1/10............	0 063	

61. N° 4.

Main-d'œuvre et faux frais............	0 699	0 769
Bénéfice 1/10............	0 070	

62. N° 5.

Main-d'œuvre et faux frais............	0 815	0 897
Bénéfice 1/10............	0 082	

63. N° 6.

Main-d'œuvre et faux frais............	0 815	0 897
Bénéfice 1/10............	0 082	

64.
65.
66. N°s 1, 2 et 3. — *Sans voligeage.*

Main-d'œuvre, 23 minutes, à 1f 215 l'heure.	0 466	
Faux frais..........................	0 070	
	0 536	0 590
Bénéfice 1/10............	0 054	

67.
68.
69. N°s 4, 5 et 6.

Main-d'œuvre, 26 minutes à 1f 215 l'heure.	0 506	
Faux frais..........................	0 076	
	0 582	0 640
Bénéfice 1/10...........	0 058	

Ardoises grandes carrées neuves.

D'ANGERS, DE RIMOGNE, DU MOULIN SAINTE-ANNE, DE CAUMONT-L'ÉVENTÉ.

Sur voliges neuves de 0.013 d'épaisseur.

(VOLIGES ESPACÉES DE 0.04.)

2e MODÈLE.

70. (0.297 de hauteur × 0.216 de largeur et de 0.0021 à 0.0030 d'épaisseur.)

PUREAU DE 0.11.

42,1 ardoises à 46f 00 le mille	1f 937		
84 clous à ardoises, à 1f 50 le mille	0 126		
6.00 de volige, à 0f 12 le mètre	0 720		
36 clous à volige, à 3f 00 le mille	0 108		
	2 891	3 037	
Déchet 1/20	0 146		
1 heure de compagnon couvreur et aide	1 215	1 397	
Faux frais, 15 p. 100 de la main-d'œuvre	0 182		
		4 434	
Bénéfice 1/10		0 443	
Valeur			4 88

71. *Sur voliges demi-neuves et demi-vieilles.*

42,1 ardoises à 46f 00 le mille	1f 937		
84 clous à ardoises, à 1f 50 le mille	0 126		
3.00 volige, à 0f 12 le mètre	0 360		
36 clous à volige, à 3f 00 le mille	0 108		
	2 531	2 658	
Déchet 1/20	0 127		
1 heure de façon	1 215	1 397	
Faux frais	0 182		
		4 055	
Bénéfice 1/10		0 406	
Valeur			4 46

Le premier modèle ne sera plus mis en question dans les sous-détails d'ouvrages au mètre superficiel. La différence de son prix avec celui du deuxième modèle pourra guider dans les cas ultérieurs.

NOTA. Lorsque les voliges proviendront de découverture, leur réemploi donnera lieu, le cas échéant, pour triage des voliges et extraction de leurs vieux clous, à une plus-value de 0f 07 par mètre superficiel.

72. *Sur vieilles voliges entièrement reclouées.*

42,1 ardoises	1f 937		
84 clous à ardoises	0 126		
36 clous à volige	0 108		
	2 171	2 280	
Déchet 1/20	0 109		
1 heure de façon	1 215	1 397	
Faux frais	0 182		
		3 677	
Bénéfice 1/10		0 368	
Valeur			4 05

Remarquer pour mémoire, par la décroissance des prix ci-contre, que le clouage de 1 mètre superficiel de voligeage à ardoise vaut 0 fr. 40 cent., y compris fourniture de clous.

73. *Sur voliges partiellement reclouées.*

42,1 ardoises	1f 937		
84 clous à ardoises	0 126		
18 clous à volige	0 054		
	2 117	2 223	
Déchet 1/20	0 106		
55 minutes de façon, à 1f 215 l'heure	1 114	1 281	
Faux frais, 15 p. 100 de la main-d'œuvre	0 167		
		3 504	
Bénéfice 1/10		0 350	
Valeur			3 85

74. *Sur voliges vieilles non reclouées ou sur vieux plâtre.*

42,1 ardoises	1f 937		
84 clous à ardoises	0 126		
	2 063	2 166	
Déchet 1/20	0 103		
50 minutes de façon, à 1f 215 l'heure	1 013	1 165	
Faux frais	0 152		
		3 331	
Bénéfice 1/10		0 333	
Valeur			3 66

NOTA. Lorsqu'un enduit sera fait par l'entrepreneur pour recevoir l'ardoise, on le comptera séparément au mètre superficiel.

75. 1er MODÈLE.

(0.324 de hauteur × 0.222 de largeur et de 0.0025 à 0.0035 d'épaisseur.)

PUREAU DE 0.11.

41 ardoises, à 50f 00 le mille	2f 050		
82 clous à ardoises, à 1f 50 le mille	0 123		
6.00 de volige, à 0f 12 le mètre	0 720		
36 clous à volige, à 3f 00 le mille	0 108		
	3 001	3 151	
Déchet 1/20	0 150		
1 heure de compagnon et aide	1 215	1 397	
Faux frais, 15 p. 100 de la main-d'œuvre	0 182		
		4 548	
Bénéfice 1/10		0 455	
Valeur			5 00

Ardoises grandes carrées non fournies.

76. *Sur voliges neuves en peuplier de 0.013 d'épaisseur espacées de 0.04.*

84 clous à ardoises	0f 126		
6.00 de volige	0 720		
36 clous à volige	0 108		
	0 954	1 002	
Déchet 1/20	0 048		
1 heure de façon	1 215	1 397	
Faux frais	0 182		
		2 399	
Bénéfice 1/10		0 240	
Valeur			2 639

NOTA. Lorsque les ardoises proviendront de découverture et auront dû être retaillées pour être réemployées, le prix du mètre augmentera dans la proportion du nombre d'ardoises qui excédera 41 par mètre, et la retaille sera assimilée aux tranchis de l'espèce à laquelle elle appartiendra

77. *Sur voliges demi-neuves et demi-vieilles.*

84 clous à ardoises	0f 126		
3.00 de volige	0 360		
36 clous à volige	0 108		
	0 594	0 624	
Déchet 1/20	0 030		
60 minutes de façon	1 215	1 397	
Faux frais	0 182		
		2 021	
Bénéfice 1/10		0 202	
Valeur			2 223

78. *Sur voliges vieilles entièrement reclouées.*

84 clous à ardoises	0f 126		
36 clous à volige	0 108		
	0 234	0 240	
Déchet 1/20	0 006		
1 heure de façon	1 215	1 397	
Faux frais	0 182		
		1 637	
Bénéfice 1/10		0 164	
Valeur			1 801

79. *Sur voliges vieilles partiellement reclouées.*

84 clous à ardoises..................	0 126		
18 clous à volige......................	0 054		
	0 180	0 189	
Déchet 1/20..............	0 009		
55 minutes de façon....................	1 114	1 281	
Faux frais..........................	0 167		
		1 470	
Bénéfice 1/10......................		0 147	
Valeur........			1 617

80. *Sur voliges vieilles non reclouées ou sur vieux plâtre.*

84 clous à ardoises......................	0 126	0 132	
Déchet 1/20..............	0 006		
50 minutes de façon....................	1 013	1 165	
Faux frais............................	0 152		
		1 297	
Bénéfice 1/10......................		0 130	
Valeur........			1 427

Nota. Lorsqu'un enduit sera fait par l'entrepreneur pour recevoir l'ardoise, on le comptera séparément au mètre superficiel.

Couverture en ardoises grandes carrées.

SANS AUCUNE ESPÈCE DE FOURNITURE.

81. *Avec voligeage.*

1 heure de façon......................	1 215	1 397	
Faux frais............................	0 182		
Bénéfice 1/10......................		0 140	
Valeur........			1 537

82. *Sans voligeage.*

50 minutes de façon....................	1 013	1 165	
Faux frais............................	0 152		
Bénéfice 1/10......................		0 117	
Valeur........			1 282

Nota Lorsque les ardoises proviendront de découverture et auront dû être retaillées pour être reemployées, le prix du mètre augmentera dans la proportion du nombre d'ardoises qui excédera 44 par mètre, et la retaille sera assimilée aux tranchis de l'espèce à laquelle elle appartiendra.

Lorsque les voliges proviendront de découverture, leur réemploi pourra donner lieu à une plus-value pour triage des voliges et extraction de leurs vieux clous, soit 0 fr. 07 c. par mètre superficiel.

Ardoises cartelettes neuves.

D'ANGERS, DE CAUMONT-L'ÉVENTÉ, DE RIMOGNE ET DU MOULIN SAINTE-ANNE.

PUREAU DE 0.08.

83. *Sur voliges neuves espacées de 0.04.*

78 ardoises, à 36f 00 le mille............	2 808		
156 clous à ardoises, à 1f 50 le mille.....	0 234		
6.00 de volige, à 0f 12 le mètre.........	0 720		
36 clous à volige, à 3f 00 le mille........	0 108		
	3 870	4 064	
Déchet 1/20..............	0 194		
1 heure, 15 minutes de couvreur et aide, à 1f 215.........................	1 519	1 751	
Faux frais, 15 p. 100 de la main-d'œuvre..	0 232		
		5 815	
Bénéfice 1/10......................		0 582	
Valeur........			6 40

84. *Sur voliges 1/2 neuves, 1/2 vieilles clouées.*

78 ardoises, à 36f 00 le mille............	2f 808		
156 clous à ardoises, à 1f 50 le mille.....	0 234		
3.00 de volige, à 0f 12 le mètre	0 360		
36 clous à volige, à 3f 00 le mille........	0 108		
	3 510	3 686	
Déchet 1/20..............	0 176		
1 heure 15 minutes de façon, à 1f 215 l'heure...........................	1 519	1 751	
Faux frais, 15 p. 0/0 de la main-d'œuvre..	0 232		
		5 437	
Bénéfice 1/10.............		0 544	
Valeur........			5 98

85. *Sur vieilles voliges entièrement reclouées.*

78 ardoises...........................	2f 808		
156 clous à ardoises..................	0 234		
36 clous à voliges.....................	0 108		
	3 150	3 308	
Déchet 1/20..............	0 158		
1 heure 15 minutes de façon............	1 519	1 751	
Faux frais...........................	0 232		
		5 059	
Bénéfice 1/10.....................		0 506	
aleur........			5 56

86. *Sur vieilles voliges partiellement reclouées.*

78 ardoises...........................	2 808		
156 clous à ardoises..................	0 234		
18 clous à volige.....................	0 054		
	3 096	3 256	
Déchet 1/20..............	0 160		
1 heure 10 minutes de façon, à 1f 215....	1 418	1 631	
Faux frais...........................	0 213		
		4 887	
Bénéfice 1/10.....................		0 489	
Valeur........			5 38

87. *Sur voliges non reclouées ou sur vieux plâtre.*

78 ardoises...........................	2 808		
156 clous à ardoises..................	0 234		
	3 042	3 194	
Déchet 1/20..............	0 152		
1 heure 5 minutes de façon............	1 316	1 513	
Faux frais...........................	0 197		
		4 707	
Bénéfice 1/10.....................		0 471	
Valeur........			5 18

Ardoises cartelettes non fournies.

88. *Sur voliges neuves.*

156 clous à ardoises, à 1f 50 le mille....	0f 234		
6.00 de volige, 0f 12 le mètre..........	0 720		
36 clous à volige, à 3f 00 le mille	0 108		
	1 062	1 115	
Déchet 1/20..............	0 053		
1 heure 15 minules de façon, à 1f 215...	1 519	1 751	
Faux frais, 15 p. 0/0 de la main-d'œuvre..	0 232		
		2 866	
Bénéfice 1/10.....................		0 287	
Valeur........			3 153

89. *Sur voliges 1/2 neuves, 1/2 vieilles.*

156 clous à ardoises	0f 234		
3.00 de volige, à 0f 12	0 360		
36 clous à volige	0 108		
	0 702	0 737	
Déchet 1/20	0 035		
1 heure 15 minutes de façon	1 519	1 751	
Faux frais	0 232		
		2 488	
Bénéfice 1/10		0 249	
Valeur			2 737

90. *Sur voliges vieilles entièrement reclouées.*

156 clous à ardoises	0f 234		
36 clous à volige	0 108		
	0 342	0 359	
Déchet 1/20	0 017		
1 heure 15 minutes de façon	1 519	1 751	
Faux frais	0 232		
		2 110	
Bénéfice 1/10		0 211	
Valeur			2 321

91. *Sur voliges partiellement reclouées.*

156 clous à ardoises	0f 234		
18 clous à volige	0 054		
	0 288	0 302	
Déchet 1/20	0 014		
1 heure 10 minutes de façon	1 418	1 631	
Faux frais	0 213		
		1 933	
Bénéfice 1/10		0 193	
Valeur			2 126

92. *Sur voliges non reclouées ou sur vieux plâtre.*

156 clous à ardoises	0f 234	0 246
Déchet 1/20	0 012	
1 heure 5 minutes de façon	1 316	1 513
Faux frais	0 197	
		1 750
Bénéfice 1/10		0 176
Valeur		1 935

Couverture en ardoises cartelettes

Pour main-d'œuvre seulement.

93. *Avec voligeage.*

1 heure 15 minutes de façon	1f 519	1 751	
Faux frais	0 232		
Bénéfice 1/10		0 175	
Valeur			1 926

94. *Sans voligeage.*

1 heure 5 minutes de façon	1 316	1 513	
Faux frais	0 197		
Bénéfice 1/10		0 151	
Valeur			1 666

MOINS-VALUE

Pour emploi d'ardoises de Fumay neuves :

95. Sur les prix d'ardoises grandes carrées, 0f 30 par mètre superficiel.
96. Sur les prix d'ardoises cartelettes..... 0 70 Id.

NOTA.—Les ouvrages en ardoise de Fumay remaniée seront traités sur le même pied que les ouvrages analogues en ardoises de toute autre provenance.

PLUS-VALUE

SUR LES PRIX DE COUVERTURE EN ARDOISES AU MÈTRE SUPERFICIEL.

97. Pour couverture circulaire en plan ou en élévation à simple et double courbure ; à calculer sur place :
1° Suivant la difficulté du battage des traits ;
2° D'après la quantité d'ardoises excédant la quantité normale par mètre superficiel (excédant de clous et de main-d'œuvre) ;
3° A raison du déchet causé par la retaille des ardoises, y compris main-d'œuvre de tranchis ;
4° Pour cintrage des voliges lorsque la courbe obligera de faire des traits de scie ;
5° Enfin, pour délardement des voliges. — à évaluer sur place.

98. Pour couverture de combles à pente rapide exigeant l'emploi et le déplacement successifs d'échafaudages

98 *bis*. Pour emploi, dans les couvertures remaniées, d'une quantité d'ardoise excédant la quantité normale .... Id.

99. Pour travaux faits en réparation et en petites parties .... Id.

100. Pour construction et démolition d'échafauds volants dans les travaux de réparation de peu d'importance .... à compter en temps et faire reconnaître.

101. Pour taille d'ardoises en écailles rondes ou ogivales (travaux faits en grandes parties) .... 46 fr. 50 du mille d'ardoises.

102. Pour découpages à ondulations et autres, sur modèles .... d'après le dessin

Pour disposition des ardoises :

103. En losanges, parties pleines .... d'après la main-d'œuvre et le déchet.
104. *Idem.* parties isolées .... suivant la grandeur des motifs et le déchet.
105. En mosaïque avec effets de teinte .... d'après la variété des effets et le déchet.

DÉCOUVERTURE EN DÉMOLITION.

106. *Sans dévoligeage.*

(Les matériaux jetés ou conservés sur le tas, sans rangement.)

6 minutes de couvreur et aide, à 1f 215 l'heure	0f 122	0 256	
Faux frais 15 p. 0/0	0 018		
Bénéfice 1/10		0 013	
Valeur			0 143

107. *Avec dévoligeage*

(Les matériaux jetés ou conservés sur le tas sans rangement.)

11 minutes de couvreur et aide à 1f 215 l'heure	0f 223	0 130	
Faux frais, 15 p. 0/0	0 033		
Bénéfice 1/10		0 026	
Valeur			0 282

108. *Ardoises conservées*

(Descendues et rangées en magasin.)

Le mille vaudrait pour 47 minutes de couvreur et aide	0f 951	1 093	1 20
Faux frais	0 132		
Bénéfice		0 109	
Prime pour conservation			3 80
			5 00

109. Emoussage, nettoyage de couverture en ardoises 0f 10

110. Descente et rangement de matériaux hors de service.
Le mètre superficiel 0 34

OUVRAGES AU MÈTRE LINÉAIRE.

Égout de deux ardoises neuves.

(On ne fait pas d'égout d'une ardoise).

111. *Modèle anglais.*

(Le n° 3 pris comme terme moyen.)

6,58 ardoises, à 242f 00 le mille 1f 592
13 clous en cuivre, à 11f 35 le mille 0 1.8
0.006 cubes de plâtre, à 17f 50 le mètre .. 0 105
1 845 }
Déchet 1/40 .... 0 046 } 1 891

20 minutes de façon, à 1f 215 l'heure ..... 0 405 }
Faux frais, 15 p. 0/0 de la main-d'œuvre .... 0 061 } 0 466
2 357
Bénéfice 1/10 .... 0 236
Valeur 2 593

OBSERVATIONS.

Ne jamais compter dans les ouvrages neufs de pièces d'ardoises d'une valeur inférieure à une ardoise entière.

Le déchet représente la valeur d'une ardoise fournie entière qui comporte en œuvre une surface moindre que sa surface marchande.

Quant aux ardoises employées dans les égouts et qui, posées suivant les règles de l'art, présentent leur pureau normal, entières ou non, elles doivent compter telles qu'elles ont été apportées à pied d'œuvre, c'est-à-dire entières.

112. *Grandes carrées, 1er modèle.*

9 ardoises à 50f 00 le mille 0f 450
18 clous à ardoises, à 1f 50 le mille 0 027
0.006 cubes de plâtre, à 17f 50 le mètre .. 0 105
0 582 }
Déchet 1/20 .... 0 029 } 0 611

20 minutes de façon, à 1f 215 l'heure ..... 0 405 }
Faux frais, 15 p. 0/0 de la main-d'œuvre .. 0 061 } 0 466
1 077
Bénéfice 1/10 .... 0 108
Valeur 1 18

113. *Grandes carrées, 2e modèle.*

9,3 ardoises, à 46f le mille 0f 428
18 clous à ardoises 0 027
0.006 cubes de plâtre 0 105
0 560 }
Déchet 1/20 .... 0 028 } 0 588

20 minutes de façon .... 0 405 }
Faux frais .... 0 061 } 0 466
1 054
Bénéfice 1/10 .... 0 105
Valeur 1 16

114. *Égout de 2 ardoises neuves cartelettes.*

13,3 ardoises à 36f 00 le mille 0f 479
13 clous à ardoises, à 1f 50 le mille 0 020
0.006 cubes de plâtre, à 17f 50 le mètre ... 0 105
0 604 }
Déchet 1/20 .... 0 030 } 0 634

25 minutes de façon, à 2f 215 l'heure ...... 0 506 }
Faux frais, 15 p. 0/0 de la main-d'œuvre .. 0 076 } 0 582
1 216
Bénéfice 1/10 .... 0 122
Valeur 1 34

115. Nota.—Chaque pièce d'égout en sus des deux premières, vaut la moitié des prix ci-dessus, diminuée de 0f 05.

Égout de deux ardoises non fournies.

116. *Modèle anglais.*

13 clous en cuivre, à 11f 35 le mille......	0f 148		
0.006 cubes de plâtre, à 17f 50 le mètre...	0 105		
	0 253	0 254	
Déchet 1/40.............	0 001		
20 minutes de façon, à 1f 215 l'heure.....	0 405	0 466	
Faux frais, 15 p. 0/0 de la main-d'œuvre.	0 061		
		0 720	
Bénéfice 1/10.....................		0 072	
Valeur........			0 792

117. *Grandes carrées.*

(Sans distinction de modèle ni de provenance.)

18 clous à ardoises, 1f 50 le mille........	0f 027		
0.006 cubes de plâtre, à 17f 50 le mètre..	0 105		
	0 132	0 139	
Déchet 1/20.............	0 007		
20 minutes de façon..................	0 405	0 466	
Faux frais...........................	0 061		
		0 605	
Bénéfice 1/10.....................		0 061	
Valeur........			0 666

118. *Cartelettes.*

13 clous à ardoises, à 1f 50 le mille.......	0f 020		
0.006 cubes de plâtre, à 17f 50 le mètre...	0 105		
	0 125	0 131	
Déchet 1/20.............	0 006		
25 minutes de façon, à 1f 215 l'heure....	0 506	0 582	
Faux frais, 15 p. 0/0 de la main-d'œuvre	0 076		
		0 713	
Bénéfice 1/10.....................		0 071	
Valeur........			0 784

119. Nota. — Chaque pièce d'égout en sus des deux premières, vaut la moitié des prix ci-dessus, diminuée de 0f 05.

Doublis d'une ardoise neuve.

120. *Modèle anglais.*

(Le n° 3 pris comme terme moyen).

3,3 ardoises, à 242f le mille.............	0f 799		
7 clous en cuivre, à 11f 35 le mille.......	0 079		
	0 878	0 900	
Déchet 1/40.............	0 022		
9 minutes de façon, à 1f 215 l'heure......	0 182	0 209	
Faux frais, 15 p. 0/0 de la main-d'œuvre.	0 027		
		1 109	
Bénéfice 1/10.....................		0 111	
Valeur........			1 220

121. *Grande carrée, 1er modèle.*

4,5 ardoises, à 50f 00 le mille..........	0f 225		
9 clous à ardoises, à 1f 50 le mille.......	0 014		
	0 239	0 251	
Déchet 1/20.............	0 012		
10 minutes de façon, à 1f 215 l'heure.....	0 203	0 233	
Faux frais, 15 p. 0/0 de la main-d'œuvre..	0 030		
		0 484	
Bénéfice 1/10.....................		0 048	
Valeur........			0 53

122. *Grande carrée, 2e modèle.*

4,6 ardoises, à 46f 00 le mille	0f 212		
9 clous à ardoises, à 1f 50 le mille	0 014		
	0 226	0 237	
Déchet 1/20	0 011		
10 minutes de façon	0 203	0 233	
Faux frais	0 030		
		0 470	
Bénéfice 1/10		0 047	
Valeur			0 52

123. *Doublis d'une ardoise cartelette neuve.*

6,7 ardoises à 36f 00 le mille	0f 241		
13 clous à ardoises, à 1f 50 le mille	0 020		
	0 261	0 274	
Déchet 1/20	0 013		
12 minutes de façon, à 1f 215 l'heure	0 243	0 279	
Faux frais, 15 p. 0/0 de la main-d'œuvre	0 036		
		0 553	
Bénéfice 1/10		0 055	
Valeur			0 61

124. Nota. — Lorsque les doublis en ardoise neuve seront scellés, on les comptera pour moitié des égouts de 2 ardoises neuves, plus 0f 05.

Doublis d'une ardoise non fournie.

125. *Modèle anglais.*

(Le no 3 pris comme terme moyen).

7 clous en cuivre, à 11f 35 le mille	0f 079	0 081	
Déchet 1/40	0 002		
9 minutes de façon, à 1f 215 l'heure	0 182	0 209	
Faux frais, 15 p. 0/0 de la main-d'œuvre	0 027		
		0 290	
Bénéfice 1/10		0 029	
Valeur			0 319

126. *Grande carrée.*

(Sans distinction de modèle ni de provenance).

9 clous à ardoises, à 1f 50 le mille	0f 014	0 015	
Déchet 1/20	0 001		
10 minutes de façon, à 1f 215 l'heure	0 203	0 233	
Faux frais, 15 p. 0/0 de la main-d'œuvre	0 030		
		0 248	
Bénéfice 1/10		0 025	
Valeur			0 273

127. *Cartelette.*

13 clous à ardoises, à 1f 50 le mille	0f 020	0 021	
Déchet 1/20	0 001		
12 minutes de façon, à 1f 215 l'heure	0 243	0 279	
Faux frais, 15 p. 0/0 de la main-d'œuvre	0 036		
		0 300	
Bénéfice 1/10		0 030	
Valeur			0 330

128. Nota. — Lorsque les doublis en ardoise non fournie seront scellés, on les comptera pour moitié des égouts de deux ardoises non fournies, plus 0f 05.

OBSERVATION GÉNÉRALE,

Les travaux de couverture en ardoises non fournies, tant au mètre superficiel qu'au mètre linéaire n'impliqueront jamais les prix des travaux de découverture ou de démolition qui les auront précédés ou accompagnés.

Tranchis droits, apparents ou cachés en ardoise fournie.

129. *Modèle anglais.*

(Le n° 3 pris comme terme moyen).

1 ardoise à 242f 00 le mille		0f 242	
10 minutes de façon à 1f 215 l'heure	0 203	0 233	
Faux frais 15 p. 0/0 de la main-d'œuvre	0 030		
		0 475	
Bénéfice 1/10		0 048	
Valeur			0 523

130. *Grande carrée.*

(De tous modèles et provenances, prix moyen).

2 ardoises à 46f 00 le mille		0f 092	
10 minutes de façon, à 1f 215 l'heure	0 203	0 233	
Faux frais	0 030		
		0 325	
Bénéfice 1/10		0 033	
Valeur			0 36

131. *Cartelette.*

3 ardoises, à 36f 00 le mille	0f 108		
12 minutes de façon, à 1f 215 l'heure	0 243	0 387	
Faux frais	0 036		
Bénéfice 1/10		0 039	
Valeur			0 43

Tranchis droits, apparents ou cachés, en ardoise non fournie.

132. *Modèle anglais.*

10 minutes de façon, à 1f 215 l'heure	0f 203	0 233	
Faux frais, 15 p. 0/0	0 030		
Bénéfice 1/10		0 023	
Valeur			0 256

133. *Grande carrée.*

Même sous-détail que pour le modèle anglais 0 256

134. *Cartelette.*

12 minutes de façon	0f 243	0 279	
Faux frais	0 036		
Bénéfice		0 028	
Valeur			0 307

Tranchis biais apparents en ardoise neuve.

POUR ARÊTIER ET POUR NOUE (confondus).

(L'angle de 45 degrés pris pour moyenne).

135. *Modèle anglais.*

1 ardoise à 242f 00 le mille	0f 242		
23 minutes de façon, à 1f 215 l'heure	0 466	0 778	
Faux frais, 15 p. 0/0 de la main-d'œuvre	0 070		
Bénéfice 1/10		0 078	
Valeur			0 856

136. *Grande carrée.*

3 ardoises, à 46f 00 le mille............. 0f 138 }
15 minutes de façon à 1f 215............ 0 304 } 0 488
Faux frais, 15 p. 0/0 sur la main-d'œuvre. 0 046 }
Bénéfice 1/10.................... 0 049
Valeur........ 0 54

137. *Cartelette.*

4 ardoises à 36f 00 le mille...................... 0f 144
18 minutes de façon, à 1f 215 l'heure..... 0 365 }
Faux frais, 15 p. 0/0 de la main-d'œuvre.. 0 055 } 0 420
0 564
Bénéfice 1/10..................... 0 056
Valeur........ 0 62

138. NOTA. — Les tranchis circulaires au droit des lucarnes, des œils de bœuf, etc., seront l'objet d'une plus-value d'autant plus élevée que le diamètre de la courbe sera plus petit.

Tranchis biais simple non apparent en ardoise neuve.

Y COMPRIS PLATRE DESSOUS.

139. *Modèle anglais.*

1 ardoise à 242f 00 le mille............. 0f 242 }
0.003 de plâtre, à 17f 50 le mètre........ 0 053 } 0 295
23 minutes de façon à 1f 215 l'heure...... 0 466 }
Faux frais, 15 p. 0/0.................. 0 070 } 0 536
0 831
Bénéfice 1/10.......... .... 0 083
Valeur........ 0 914

140. *Grande carrée.*

3 ardoises, à 46f 0,0.................. 0f 138 }
0.003 cubes de plâtre................. 0 053 } 0 191
15 minutes de façon à 1f 215 l'heure...... 0 304 }
Faux frais........................... 0 046 } 0 350
0 541
Bénéfice 1/10.................... 0 054
Valeur........ 0 60

141. *Cartelette.*

4 ardoises, à 36f 00 le mille............. 0f 144 }
0.003 cubes de plâtre, à 17f 50.......... 0 053 } 0 197
18 minutes de façon, à 1f 215 l'heure..... 0 365 }
Faux frais.......................... 0 055 } 0 420
0 617
Bénéfice 1/10.................... 0 062
Valeur........ 0 68

Tranchis biais apparents sur ardoise non fournie,

POUR ARÊTIER ET POUR NOUE.

142. *Modèle anglais.*

23 minutes de façon, à 1f 215 l'heure..... 0f 466 }
Faux frais 15 p. 0/0.................. 0 070 } 0 536
Bénéfice 1/10.................... 0 054
Valeur........ 0 590

143. *Grande carrée.*

15 minutes de façon, à 1f 215 l'heure.....	0f 304	0 350	
Faux frais...........................	0 046		
Bénéfice 1/10.....................		0 035	
Valeur........			0 385

144. *Cartelette.*

18 minutes de façon, à 1f 215 l'heure.....	0f 365	0 420	
Faux frais...........................	0 055		
Bénéfice 1/10.....................		0 042	
Valeur........			0 462

Tranchis biais non-apparents, sur ardoise non fournie.

AVEC PLATRE DESSOUS.

145. *Modèle anglais.*

0.003 cubes de plâtre, à 17f 50 le mètre...........		0f 053	
23 minutes de façon, à 1f 215 l'heure.....	0 466	0 536	
Faux frais...........................	0 070		
		0 589	
Bénéfice 1/10.....................		0 059	
Valeur........			0 648

146. *Grande carrée.*

0.003 cubes de plâtre, à 17f 50 le mètre...........		0f 053	
15 minutes de façon, à 1f 215 l'heure.....	0 304	0 350	
Faux frais...........................	0 046		
		0 403	
Bénéfice 1/10.....................		0 040	
Valeur........			0 443

147. *Cartelette.*

0.003 cubes de plâtre, à 17f 50 le mètre...........		0f 053	
18 minutes de façon, à 1f 215 l'heure......	0 365	0 420	
Faux frais...........................	0 055		
		0 473	
Bénéfice 1/10.....................		0 047	
Valeur........			0 520

COUVERTURE EN TUILES

OUVRAGES AU MÈTRE SUPERFICIEL.

Tuiles plates de Bourgogne neuves, grand moule.

(PUREAU DE 0.11).

148. *Sur lattis en cœur de chêne fourni.*

36,3 tuiles à 100^{f} 00 le mille............	3^{f} 630		
9^{m}10 de lattes, à 0^{f} 023 le mètre.........	0 209		
30 clous à latte, à 1^{f} 47 le mille..........	0 044		
	3 883	3 980	
Déchet 1/40..............	0 097		
30 minutes de compagnon et aide, à 1^{f} 215 l'heure............................	0 608	0 699	
Faux frais, 15 p. 0/0 de la main-d'œuvre..	0 091		
		4 679	
Bénéfice 1/10................................		0 468	
Valeur........			5 15

149. *Tuiles neuves sur lattis demi-neuf, demi-vieux recloué.*

36,3 tuiles à 100^{f} 00 le mille............	3^{f} 630		
4^{m}55 de lattes, à 0^{f} 023 le mètre........	0 105		
30 clous à latte, à 1^{f} 47 le mille.........	0 044		
	3 779	3 873	
Déchet 1/40..............	0 094		
30 minutes de façon....................	0 608	0 699	
Faux frais.............................	0 091		
		4 572	
Bénéfice 1/10......................		0 457	
Valeur........			5 03

150. *Tuiles neuves sur lattis vieux entièrement recloué.*

36,3 tuiles, à 100^{f} 00 le mille...........	3^{f} 630		
40 clous à latte, à 1^{f} 47 le mille..........	0 044		
	3 674	3 766	
Déchet 1/40..............	0 092		
30 minutes de façon....................	0 608	0 699	
Faux frais.............................	0 091		
		4 465	
Bénéfice 1/10......................		0 447	
Valeur........			4 91

151. *Tuiles neuves sur vieux lattis partiellement recloué.*

36,3 tuiles...........................	3^{f} 630		
15 clous à latte.......................	0 022		
	3 652	3 743	
Déchet 1/40..............	0 091		
27 minutes de façon, à 1^{f} 215 l'heure.....	0 547	0 629	
Faux frais.............................	0 082		
		4 372	
Bénéfice 1/10......................		0 437	
Valeur........			4

152. *Tuiles neuves sur vieux lattis non recloué.*

36,3 tuiles	3f 630	3 721	
Déchet 1/40	0 091		
24 minutes de façon	0 486	0 559	
Faux frais	0 073		
		4 280	
Bénéfice 1/10		0 428	
Valeur			4 71

153. *Tuiles neuves scellées sur plâtre.*

36,3 tuiles	3f 630		
0.023 cubes de plâtre, à 17f 50 le mètre	0 403		
	4 033	4 128	
Déchet 1/40	0 095		
45 minutes de façon, à 1f 215 l'heure	0 911	1 048	
Faux frais	0 137		
		5 176	
Bénéfice 1/10		0 518	
Valeur			5 70

154. *Tuiles neuves posées à claire-voie sur lattis neuf* (*espacées de* 0.08).

PUREAU DE 0.11.

27,5 tuiles, à 100f 00 le mille	2f 750		
9.10 de lattes, à 0f 023 le mètre	0 209		
30 clous à latte, à 1f 47 le mille	0 044		
	3 003	3 078	
Déchet 1/40	0 075		
25 minutes de façon, à 1f 215 l'heure	0 506	0 582	
Faux frais, 15 p. 100 de la main-d'œuvre	0 076		
		3 660	
Bénéfice 1/10		0 360	
Valeur			4 02

155. *Tuiles neuves posées à claire-voie sur lattis demi-neuf, demi-vieux recloué.*

27,5 tuiles, à 100f 00 le mille	2f 750		
4.55 de lattes, à 0f 023 le mètre	0 105		
30 clous à latte, à 1f 47 le mille	0 044		
	2 899	2 971	
Déchet 1/40	0 072		
25 minutes de façon	0 506	0 582	
Faux frais	0 076		
		3 553	
Bénéfice 1/10		0 355	
Valeur			3 90

156. *Tuiles neuves posées à claire-voie sur lattis vieux entièrement recloué.*

27,5 tuiles	2f 750		
30 clous à latte	0 044		
	2 794	2 864	
Déchet 1/40	0 070		
25 minutes de façon	0 506	0 582	
Faux frais	0 076		
		3 446	
Bénéfice 1/10		0 345	
Valeur			3 79

157. *Tuiles neuves posées à claire-voie sur lattis vieux partiellement recloué.*

27,5 tuiles	2f 750		
15 clous à latte, à 1f 47 le mille	0 022		
	2 772	2 842	
Déchet 1/40	0 070		
22 minutes de façon	0 446	0 513	
Faux frais	0 067		
		3 355	
Bénéfice 1/10		0 336	
Valeur			3 69

158. *Tuiles neuves posées à claire-voie sur vieux lattis non recloué.*

27,5 tuiles	2f 750	2 819	
Déchet 1/40	0 069		
19 minutes de façon	0 385	0 443	
Faux frais	0 058		
		3 262	
Bénéfice 1/10		0 326	
Valeur			3 59

159. *Tuiles neuves à claire-voie scellées en plâtre.*

27,5 tuiles, à 100f 00 le mille	2f 750		
0.023 cubes de plâtre, à 17f 50 le mètre	0 403		
	3 163	3 242	
Déchet 1/40	0 079		
40 minutes de façon, à 1f 215 l'heure	0 810	0 932	
Faux frais, 15 p. 100 de la main-d'œuvre	0 122		
		4 174	
Bénéfice 1/10		0 417	
Valeur			4 59

Tuiles plates de Bourgogne, grand moule, non fournies.

160. *Tuiles non fournies posées sur lattis neuf.*

9m10 de lattes, à 0f 023 le mètre	0f 209		
30 clous à latte, à 1f 47 le mille	0 044		
	0 253	0 259	
Déchet 1/40	0 006		
30 minutes de façon, à 1f 215 l'heure	0 608	0 699	
Faux frais, 15 p. 100 de la main-d'œuvre	0 091		
		0 958	
Bénéfice 1/10		0 096	
Valeur			1 054

161. *Tuiles non fournies posées sur lattis demi-neuf, demi-recloué.*

4,55 de lattes, 0f 023 le mètre	0f 105		
30 clous à latte, à 1f 47 le mille	0 044		
	0 149	0 153	
Déchet 1/40	0 004		
Façon et faux frais, comme ci-dessus		0 699	
		0 852	
Bénéfice 1/10		0 085	
Valeur			0 937

162. *Tuiles non fournies sur lattis vieux entièrement recloué.*

30 clous à latte, à 1f 47 le mille.......... 0f 044 }
Déchet 1/40............... 0 001 } 0 045

30 minutes de façon, à 1f 215 l'heure..... 0 608 }
Faux frais, 15 p. 100 de la main d'œuvre.. 0 091 } 0 699

0 744
Bénéfice 1/10 .... 0 074
Valeur........ 0 818

163. *Tuiles non fournies sur lattis partiellement recloué.*

15 clous à latte, 1f 47 le mille........... 0f 022 }
Déchet.................. » } 0 022

27 minutes de façon.................... 0 547 }
Faux frais........................... 0 082 } 0 629

0 651
Bénéfice 1/10..................... 0 065
Valeur........ 0 716

164. *Tuiles non fournies sur lattis non recloué.*

24 minutes de façon.................. 0f 486 }
Faux frais........................... 0 073 } 0 559
Bénéfice 1/10 .... 0 056
Valeur........ 0 615

165. *Tuiles non fournies scellées sur plâtre.*

0.023 cubes de plâtre, à 17f 50 le mètre.. 0f 403 }
Déchet 1/40.............. 0 010 } 0 413

45 minutes de façon, à 1f 215 l'heure..... 0 911 }
Faux frais........................... 0 137 } 1 048

1 461
Bénéfice 1/10..................... 0 146
Valeur........ 1 607

Tuiles posées à claire-voie non fournies, grand moule.

166. *Sur lattis neuf.*

9.10 de latte, à 0f 023 le mètres......... 0 209 }
30 clous à latte, à 1f 47 le mille .... 0 044 } 0 253
Déchet 1/40...................... 0 006

25 minutes de façon, à 1f 215 l'heure..... 0 506 }
Faux frais........................... 0 076 } 0 582

0 841
Bénéfice 1/10 .... 0 084
Valeur........ 0 925

167. *Tuiles à claire-voie non fournies sur lattis demi-neuf, demi-vieux recloué.*

4.55 de lattes, à 0f 023 le mètre......... 0f 105
30 clous à latte, à 1f 47 le mille.......... 0 044

0 149 }
Déchet 1/40............. 0 004 } 0 153

25 minutes de façon à 1f 215 l'heure...... 0 506 }
Faux frais, 15 p. 100 de la main-d'œuvre.. 0 076 } 0 582

0 735
Bénéfice 1/10..................... 0 074
Valeur........ 0 809

168. *Tuiles à claire-voie non fournies sur vieux lattis entièrement recloué.*

30 clous à latte	0f 044	0 045	
Déchet 1/40	0 001		
25 minutes de façon	0 506	0 582	
Faux frais	0 076		
		0 627	
Bénéfice 1/10		0 063	
Valeur			0 690

169. *Tuiles à claire-voie non fournies sur lattis partiellement recloué.*

15 clous à latte, à 1f 47 le mille	0f 022	0 022	
Déchet	»		
22 minutes de façon	0 446	0 513	
Faux frais	0 067		
		0 535	
Bénéfice 1/10		0 054	
Valeur			0 589

170. *Tuiles à claire-voie non fournies sur lattis non recloué.*

19 minutes de façon	0f 385	0 443	
Faux frais	0 058		
Bénéfice 1/10		0 044	
Valeur			0 487

171. *Tuiles à claire-voie non fournies scellées sur plâtre.*

0.023 cube de plâtre, à 17f 50 le mètre	0f 403	0 413	
Déchet 1/40	0 010		
40 minutes de façon	0 810	0 932	
Faux frais	0 122		
		1 345	
Bénéfice 1/10		0 135	
Valeur			1 480

Tuiles vieilles de Bourgogne, grand moule, fournies.

172. *Sur lattis neuf.*

36,3 tuiles, à 50f 00 le mille	1f 815		
9.10 de lattes, à 0f 023 le mètre	0 209		
30 clous à latte, à 1f 47 le mille	0 044		
	2 068	2 120	
Déchet 1/40	0 052		
30 minutes de façon, à 1f 215 l'heure	0 608	0 699	
Faux frais, 15 p. 100 de la main-d'œuvre	0 091		
		2 819	
Bénéfice 1/10		0 282	
Valeur			3 101

173. *Sur lattis demi-neuf, demi-vieux recloué.*

36,3 tuiles	1f 815		
4.55 de lattes	0 105		
30 clous	0 044		
	1 964	2 013	
Déchet 1/40	0 049		
30 minutes de façon	0 608	0 699	
Faux frais	0 091		
		2 712	
Bénéfice 1/10		0 271	
Valeur			2 983

174. *Sur lattis vieux entièrement recloué.*

36,3 tuiles	1^{f}815		
30 clous	0 044		
	1 859	1 864	
Déchet 1/40	0 005		
30 minutes de façon et faux frais		0 699	
		2 563	
Bénéfice 1/10		0 256	
		Valeur	2 819

175. *Sur lattis vieux, partiellement recloué.*

36,3 tuiles	1^{f}815		
15 clous	0 022		
	1 837	1 883	
Déchet 1/40	0 046		
27 minutes de façon, à 1^{f}215 l'heure	0 547	0 629	
Faux frais	0 082		
		2 512	
Bénéfice 1/0		0 251	
		Valeur	2 763

176. *Sur lattis vieux non recloué.*

36,3 tuiles	1^{f}815	1 860	
Déchet 1/40	0 045		
24 minutes de façon	0 486	0 559	
Faux frais	0 073		
		2 419	
Bénéfice 1/10		0 242	
		Valeur	2 661

177. *Scellées sur plâtre.*

36,3 tuiles	1^{f}815		
0^{m}023 de plâtre, à 17^{f} 50 le mètre	0 403		
	2 218	2 273	
Déchet 1/40	0 055		
45 minutes de façon	0 911	1 048	
Faux frais	0 137		
		3 321	
Bénéfice 1/10		0 332	
		Valeur	3 653

Tuiles neuves de Bourgogne, petit moule (Pureau de 0.08).

178. *Sur lattis neuf.*

62,5 tuiles, à 65^{f} 00 le mille	4^{f}063		
12^{m}50 de lattes, à 0^{f} 023 le mètre	0 288		
40 clous à lattes, à 1^{f} 47 le mille	0 059		
	4 410	4 520	
Déchet 1/40	0 110		
40 minutes de façon, à 1^{f} 215 l'heure	0 810	0 932	
Faux frais, 15 p. 100 de la main-d'œuvre	0 122		
		5 452	
Bénéfice 1/10		0 545	
		Valeur	6 00

179. *Sur lattis demi-neuf, demi-vieux recloué.*

62,5 tuiles, à 65f 00 le mille	4f 063		
6m25 de lattes, à 0f 023 le mètre	0 144		
40 clous à latte, à 1f 47 le mille	0 059		
	4 266	4 373	
Déchet 1/40	0 107		
40 minutes de façon	0 810	0 932	
Faux frais	0 122		
		5 305	
Bénéfice 1/10		0 531	
Valeur			5 84

180. *Sur lattis vieux entièrement recloué.*

62,5 tuiles, à 65f 00 le mille	4f 063		
40 clous à lattes, à 1f 47 le mille	0 059		
	4 122	4 225	
Déchet 1/40	0 103		
Façon et faux frais		0 932	
		5 157	
Bénéfice 1/10		0 516	
Valeur			5 67

181. *Sur lattis vieux partiellement recloué.*

62,5 tuiles	4f 063		
20 clous à latte	0 029		
	4 092	4 194	
Déchet 1/40	0 102		
36 minutes de façon	0 729	0 838	
Faux frais	0 109		
		5 032	
Bénéfice 1/10		0 503	
Valeur			5 54

182. *Sur lattis non recloué.*

62,5 tuiles	4f 063	4 165	
Déchet 1/40	0 102		
32 minutes de façon	0 648	0 745	
Faux frais	0 097		
		4 910	
Bénéfice 1/10		0 491	
Valeur			5 40

183. *Scellées sur plâtre.*

62,5 tuiles, à 65f 00 le mille	4f 063		
0.023 cubes de plâtre, à 17f 50 le mètre	0 403		
	4 466	4 578	
Déchet 1/40	0 112		
1 heure de compagnon et aide	1 215	1 397	
Faux frais	0 182		
		5 975	
Bénéfice 1/10		0 528	
Valeur			6 56

Tuiles petit moule non fournies.

184. *Sur lattis neuf.*

12m50 de lattes, à 0f 023 le mètre........ 0f 288
40 clous à latte, à 1f 47 le mille.......... 0 059
0 347
Déchet 1/40.............. 0 009 } 0 356

40 minutes de façon.................... 0 810
Faux frais............................ 0 122 } 0 932
1 288
Bénéfice 1/10...................... 0 129
Valeur........ 1 417

185. *Sur lattis demi-neuf, demi-vieux recloué.*

6,25 de lattes......................... 0f 144
40 clous à latte....................... 0 059
0 203
Déchet 1/40.............. 0 005 } 0 208

40 minutes de façon et faux frais................. 0 932
1 140
Benéfice 1/10...................... 0 114
Valeur........ 1 254

186. *Sur lattis vieux entièrement recloué.*

40 clous à latte....................... 0f 059
Déchet 1/40.............. 0 001 } 0 060

40 minutes de façon et faux frais................. 0 932
0 992
Bénéfice 1/10...................... 0 099
Valeur........ 1 091

187. *Sur lattis vieux partiellement recloué.*

20 clous à latte....................... 0f 029
Déchet 1/40.............. 0 001 } 0 030

36 minutes de façon.................... 0 729
Faux frais............................ 0 109 } 0 838
0 868
Bénéfice 1/10...................... 0 087
Valeur........ 0 955

188. *Sur vieux lattis non recloué.*

32 minutes de façon.................... 0f 648
Faux frais............................ 0 097 } 0 745
Bénéfice 1/10...................... 0 075
Valeur........ 0 820

189. *Scellées sur plâtre.*

0,023 cubes de plâtre, à 17f 50 le mètre... 0f 403
Déchet 1/40.............. 0 010 } 0 413

1 heure de façon....................... 1 215
Faux frais............................ 0 182 } 1 397
1 810
Bénéfice 1/10...................... 0 181
Valeur........ 1 991

Tuiles à emboîtement neuves.

190. *Sur lattis neuf en sapin (système Muller).*

15 tuiles, à 188f 00, le mille	2f 820		
3m00 de lattes, à 0f 06	0 180		
17 clous à volige, à 3f 00 le mille	0 051		
	3 051	3 127	
Déchet 1/40	0 076		
23 minutes de façon, à 1f 215 l'heure	0 466	0 536	
Faux frais, 15 p. 100 de la main-d'œuvre	0 070		
		3 663	
Bénéfice 1/10		0 366	
Valeur			4 029

191. *Tuiles à emboîtement, sur lattis, id. (système Montchanin).*

13 tuiles 1/2, à 218f00 le mille	2f 943		
3m00 de lattes en sapin, à 0f 06 le mètre	0 180		
17 clous à volige, à 3f00 le mille	0 051		
	3 174	3 253	
Déchet 1/40	0 079		
22 minutes de façon, à 1f 215 l'heure	0 446	0 513	
Faux frais	0 067		
		3 766	
Bénéfice 1/10		0 377	
Valeur			4 143

Tuiles Courtois.

192. Ce genre de couverture, qui réunit l'agrément du coup d'œil à une remarquable solidité, n'est mentionné ici que pour mémoire. La maison Courtois emploie elle-même ses produits et publie régulièrement un tarif spécial auquel on ne saurait toucher sans empiéter sur le domaine privé.

193. *Émoussage, Grattage, Balayage de couverture.*

En tuiles, le mètre superficiel 0f 080

Découverture en tuiles.

194. *Le lattis conservé, les matériaux non descendus.*

7 minutes de façon, à 1f 215 l'heure	0f 142	0 163	
Faux frais	0 021		
Bénéfice 1/10		0 016	
Valeur			0 179

195. *Le lattis arraché et jeté ou laissé sur le tas, les tuiles non descendues.*

10 minutes de façon, à 1f 215 l'heure	0f 203	0 233	
Faux frais	0 030		
Bénéfice 1/10		0 023	
Valeur			0 256

196. *Tuiles conservées, descendues et rangées en magasin.*

Le mille vaut, pour 4 heures de compagnon et aide	4f 860	5 583	
Faux frais	0 723		
Bénéfice 1/10		0 558	
Valeur			6 141

197. *Descente et rangement de matériaux hors de service provenant de découverture en tuiles et en ardoises.*

30 minutes de garçon couvreur, par mètre superficiel, à 0f 49 l'heure............	0f 245	0 282	
Faux frais............................	0 037		
Bénéfice 1/10.....................		0 028	
Valeur........			0 310

Ouvrages en tuiles au mètre linéaire.

198. *Égout d'une tuile neuve de Bourgogne, grand moule.*

4 tuiles à 100f 00 le mille...............	0f 400		
0.006 cubes de plâtre, à 17f 50 le mètre...	0 105		
	0 505	0 517	
Déchet 1/40..............	0 012		
15 minutes de façon, à 1f 215 l'heure....	0 304	0 350	
Faux frais, 15 p. 0/0 de la main-d'œuvre.	0 046		
		0 876	
Bénéfice 1/10.....................		0 087	
Valeur........			0 95

NOTA. — Pour la construction des égouts et des batellements, les tuiles seront toujours considérées telles qu'elles sont comptées à pied d'œuvre, c'est-à-dire entières.

199. *Égout de deux tuiles neuves, idem.*

8 tuiles, à 100f 00 le mille..............	0f 800		
0.011 cubes de plâtre, à 17f 50 le mètre...	0 193		
	0 993	1 018	
Déchet 1/40..............	0 025		
25 minutes de façon, à 1f 215 l'heure...	0 506	0 582	
Faux frais, 15 p. 0/0..................	0 076		
		1 600	
Bénéfice 1/10.....................		0 160	
Valeur........			1 76

200. *Égout de trois tuiles neuves, idem.*

12 tuiles à 100f 00 le mille..............	1f 200		
0.015 cubes de plâtre, à 17f 50 le mètre...	0 263		
	1 463	1 500	
Déchet 1/40..............	0 037		
35 minutes de façon.....................	0 709	0 815	
Faux frais............................	0 106		
		2 315	
Bénéfice 1/10.....................		0 232	
Valeur........			2 55

201. *Égout d'une tuile grand moule non fournie.*

0.006 cubes de plâtre, à 17f 50 le mètre...	0f 105	0 108	
Déchet 1/40..............	0 003		
15 minutes de façon, à 1f 215 l'heure...	0 304	0 350	
Faux frais...........................	0 046		
		0 458	
Bénéfice 1/10.....................		0 046	
Valeur........			0 504

202. *Égout de deux tuiles, grand moule non fournies.*

0.011 cubes de plâtre, à 17f 50 le mètre....	0f 193	0 198	
Déchet 1/40..............	0 005		
25 minutes de façon..................	0 506	0 582	
Faux frais...........................	0 076		
		0 780	
Bénéfice 1/10.....................		0 078	
Valeur........			0 858

203. *Égout de trois tuiles, grand moule non fournies.*

0.015 cubes de plâtre, à 17^{f}50 le mètre...	0^{f}263	0 270	
Déchet 1/40.............	0 007		
35 minutes de façon...................	0 709	0 815	
Faux frais...........................	0 106		
		1 085	
Bénéfice 1/10.....................		0 109	
Valeur........			1 194

204 *Égout de deux tuiles grand moule, dont une neuve et une vieille.*

4 tuiles, à 100^{f}00 le mille...............	0^{f}400		
0.011 cubes de plâtre, à 17^{f}50 le mètre...	0 193		
	0 593	0 608	
Déchet 1/40.............	0 015		
25 minutes de façon...................	0 506	0 582	
Faux frais...........................	0 076		
		1 190	
Bénéfice 1/10...............		0 119	
Valeur........			1 31

205. *Égout de trois tuiles grand moule, dont deux neuves et une vieille.*

8 tuiles à 100^{f}00 le mille...............	0^{f}800		
0.015 cubes de plâtre, à 17^{f}50 le mètre...	0 263		
	1 063	1 090	
Déchet 1/40.............	0 027		
35 minutes de façon...................	0 709	0 815	
Faux frais...........................	0 106		
		1 905	
Bénéfice 1/10.....................		0 191	
Valeur.........			2 10

206. *Égout de trois tuiles grand moule, dont une neuve et deux vieilles.*

4 tuiles, à 100^{f}00 le mille..............	0^{f}400		
0.015 cubes de plâtre, à 17^{f}50 le mètre...	0 263		
	0 663	0 680	
Déchet 1/40.............	0 017		
35 minutes de façon...................	0 709	0 815	
Faux frais...........................	0 106		
		1 495	
Bénéfice 1/10.....................		0 150	
Valeur........			1 65

207. *Égout d'une tuile neuve petit moule.*

5 tuiles neuves, à 65^{f}00 le mille.........	0^{f}325		
0.006 cubes de plâtre, à 17^{f}50 le mètre...	0 105		
	0 430	0 441	
Déchet 1/40.............	0 011		
20 minutes de façon, à 1^{f}215 l'heure......	0 405	0 466	
Faux frais, 15 p. 100 de la main-d'œuvre..	0 061		
		0 907	
Bénéfice 1/10.....................		0 091	
Valeur........			1 00

208. *Égout de deux tuiles neuves petit moule.*

10 tuiles, à 65^{f}00 le mille...............	0^{f}650		
0.011 cubes de plâtre, à 17^{f}50 le mètre...	0 193		
	0 843	0 864	
Déchet 1/40.............	0 021		
30 minutes de façon...................	0 608	0 699	
Faux frais...........................	0 091		
		1 563	
Bénéfice 1/10.....................		0 156	
Valeur........			1 72

209. *Égout de trois tuiles neuves petit moule.*

15 tuiles, à 65^{f} 00 le mille	0^{f} 975		
0.015 cubes de plâtre, à 17^{f} 50 le mètre	0 263		
	1 238	1 26	
Déchet 1/40	0 031		
40 minutes de façon	0 810	0 932	
Faux frais	0 122		
		2 201	
Bénéfice 1/10		0 220	
Valeur			2 42

210. *Égout d'une tuile, petit moule, non fournie.*

0.006 cubes de plâtre	0^{f} 105	0 108	
Déchet 1/40	0 003		
20 minutes de façon et faux frais		0 466	
		0 574	
Bénéfice 1/10		0 057	
Valeur			0 631

211. *Égout de deux tuiles vieilles, petit moule, non fournies.*

0.011 cubes de plâtre	0^{f} 193	0 198	
Déchet 1/40	0 005		
30 minutes de façon et faux frais		0 699	
		0 897	
Bénéfice 1/10		0 090	
Valeur			0 987

212. *Égout de trois tuiles, petit moule, non fournies.*

0.015 cubes de plâtre, à 17^{f} 50 le mètre	0^{f} 263	0 270	
Déchet 1/40	0 007		
40 minutes de façon, à 1^{f} 215 l'heure	0 810	0 932	
Faux frais	0 122		
		1 202	
Bénéfice 1/10		0 120	
Valeur			1 322

213. *Égout de deux tuiles, petit moule, dont une neuve et une vieille.*

5 tuiles, à 65^{f} 00 le mille	0^{f} 325		
0.011 cubes de plâtre, à 17^{f} 50 le mètre	0 193		
	0 518	0 521	
Déchet 1/40	0 013		
30 minutes de façon et faux frais		0 699	
		1 220	
Bénéfice 1/10		0 120	
Valeur			1 34

214. *Égout de trois tuiles, petit moule, dont deux neuves et une vieille.*

10 tuiles	0^{f} 650		
0.015 cubes de plâtre	0 263		
	0 913	0 936	
Déchet 1/40	0 023		
40 minutes de façon et faux frais		0 932	
		1 868	
Bénéfice 1/10		0 187	
Valeur			2 055

215. *Égout de trois tuiles, petit moule, dont une neuve et deux vieilles.*

5 tuiles	0f 325		
0.015 cubes de plâtre	0 263		
	0 588	0 588	
Déchet 1/40	0 014		
40 minutes de façon et faux frais		0 932	
		1 520	
Bénéfice 1/10		0 152	
Valeur			1 672

216. *Égout d'une tuile vieille, grand moule, fournie.*

4 tuiles, à 50f 00 le mille	0f 200		
0.006 de plâtre, à 17f 50 le mètre	0 105		
	0 305	0 313	
Déchet 1/40	0 008		
15 minutes de façon	0 304	0 350	
Faux frais	0 046		
		0 663	
Bénéfice 1/10		0 066	
Valeur			0 729

217. *Égout de deux tuiles vieilles, grand moule, fournies.*

8 tuiles, à 50f 00 le mille	0f 400		
0.011 cubes de plâtre, à 17f 50 le mètre	0 193		
	0 593	0 608	
Déchet 1/40	0 015		
25 minutes de façon et faux frais		0 582	
		1 190	
Bénéfice 1/10		0 119	
Valeur			1 309

218. *Égout de trois tuiles vieilles, grand moule, fournies.*

12 tuiles, à 50f 00 le mille	0f 600		
0.015 cubes de plâtre, à 17f 50 le mètre	0 263		
	0 863	0 885	
Déchet 1/40	0 022		
35 minutes de façon, à 1f 215 l'heure	0 709	0 815	
Faux frais, 15 p. 0/0 de la main-d'œuvre	0 106		
		1 700	
Bénéfice 1/10		0 170	
Valeur			1 870

219. *Égout de deux tuiles, dont une fournie.*

4 tuiles	0f 200		
0.011 cubes de plâtre	0 193		
	0 393	0 403	
Déchet 1/40	0 010		
25 minutes de façon et faux frais		0 582	
		0 985	
Bénéfice 1/10		0 099	
Valeur			1 084

220. *Égout de trois tuiles vieilles, dont une fournie.*

4 tuiles	0f 200		
0.015 cubes de plâtre	0 263		
	0 463	0 475	
Déchet 1/40	0 012		
35 minutes de façon et faux frais		0 815	
		1 290	
Bénéfice 1/10		0 129	
Valeur			1 419

221. *Égout de trois tuiles vieilles, dont deux fournies.*

8 tuiles, à 50f 00 le mille	0f 400		
0.015 cubes de plâtre, à 17f 50 le mètre	0 263		
	0 663	0 680	
Déchet 1/40	0 017		
35 minutes de façon et faux frais		0 815	
		1 495	
Bénéfice 1/10		0 150	
Valeur			1 645

222. *Battellement d'une tuile neuve, grand moule.*

4 tuiles, à 100f le mille	0f 400	0 410	
Déchet 1/40	0 010		
10 minutes de façon, à 1f 215 l'heure	0 203	0 233	
Faux frais	0 030		
		0 643	
Bénéfice 1/10		0 064	
Valeur			0 70

223. *Battellement de deux tuiles neuves, grand moule.*

8 tuiles, à 100f le mille	0f 800	0 820	
Déchet 1/40	0 020		
18 minutes de façon	0 365	0 420	
Faux frais	0 055		
		1 240	
Bénéfice 1/10		0 124	
Valeur			1 36

224. *Battellement d'une tuile, grand moule, non fournie.*

10 minutes de façon	0f 203	0 233	
Faux frais	0 030		
Bénéfice 1/10		0 023	
Valeur			0 256

225. *Battellement de deux tuiles, grand moule, non fournies.*

18 minutes de façon	0f 365	0 420	
Faux frais	0 055		
Bénéfice 1/10		0 042	
Valeur			0 462

226. *Battellement de deux tuiles, grand moule, dont une neuve et une vieille.*

4 tuiles, à 100f le mille	0f 400	0 410	
Déchet 1/40	0 010		
18 minutes de façon	0 365	0 420	
Faux frais	0 055		
		0 830	
Bénéfice 1/10		0 083	
Valeur			0 913

227. *Battellement d'une tuile neuve, petit moule.*

5 tuiles	0f 325	0 333	
Déchet 1/40	0 008		
13 minutes de façon	0 263	0 303	
Faux frais	0 040		
		0 636	
Bénéfice 1/10		0 064	
Valeur			0 70

228. *Battellement de deux tuiles neuves, petit moule.*

10 tuiles, à 65f 00 le mille............. Déchet 1/40..............	0f 650 0 016	0 666	
23 minutes de façon, à 1f 215 l'heure.... Faux frais, 15 p. 100....................	0 466 0 070	0 536	
		1 202	
Bénéfice 1/10......................		0 120	
Valeur........			1 32

229. *Battellement d'une tuile, petit moule, non fournie.*

13 minutes de façon.................... Faux frais............................	0f 263 0 040	0 303	
Bénéfice 1/10......................		0 030	
Valeur........			0 333

230. *Battellement de deux tuiles, petit moule, non fournies.*

23 minutes de façon.................... Faux frais............................	0f 466 0 070	0 536	
Bénéfice 1/10......................		0 054	
Valeur........			0 590

231. *Battellement de deux tuiles, petit moule, dont une neuve et une vieille.*

5 tuiles, à 65f 00 le mille............... Déchet 1/40..............	0f 325 0 008	0 333	
23 minutes de façon et faux frais................		0 536	
		0 869	
Bénéfice 1/10......................		0 087	
Valeur..........			0 95

232. *Battellement d'une tuile vieille fournie.*

4 tuiles.............................. Déchet 1/40..............	0f 200 0 005	0 205	
10 minutes de façon et faux frais................		0 233	
		0 438	
Bénéfice 1/10......................		0 044	
Valeur........			0 482

233. *Battellement de deux tuiles vieilles fournies.*

8 tuiles, à 50f 00 le mille.............. Déchet 1/40..............	0f 400 0 010	0 410	
18 minutes de façon.................... Faux frais............................	0 365 0 055	0 420	
		0 830	
Bénéfice 1/10......................		0 083	
Valeur........			0 913

234. *Battellement de deux tuiles, dont une vieille fournie.*

4 tuiles.............................. Déchet 1/40..............	0f 200 0 005	0 205	
18 minutes de façon et faux frais................		0 420	
		0 625	
Bénéfice 1/10......................		0 063	
Valeur........			0 688

235. Nota. Les battellements scellés seront comptés comme égouts.

Tranchis droits apparents et non apparents, confondus

236. *Sur tuile neuve, grand moule.*

1,5 tuile à 100f 00 le mille		0 150	
10 minutes de façon	f 203	0 233	
Faux frais	0 030		
		0 383	
Bénéfice 1/10		0 038	
Valeur			0 42

237. *Sur tuile, grand moule, vieille, fournie.*

1,5 tuile à 50f 00 le mille	0f 075	
10 minutes de façon et faux frais	0 233	
	0 308	
Bénéfice 1/10	0 031	
Valeur		0 339

238. *Sur tuile, grand moule, vieille, non fournie.*

10 minutes de façon et faux frais	0f 233	
Bénéfice 1/10	0 023	
Valeur		0 256

239. *Sur tuile, petit moule, fournie.*

2 tuiles à 65f 00 le mille		0f 130	
13 minutes de façon	0 263	0 303	
Faux frais	0 040		
		0 433	
Bénéfice 1/10		0 043	
Valeur			0 48

240. *Sur tuile, petit moule, non fournie.*

13 minutes de façon et faux frais	0f 303	
Bénéfice 1/10	0 030	
Valeur		0 333

241. *Sur tuile neuve à emboîtement.*

(Tranchis figuré par demi-tuiles marchandes).

1 tuile 1/2 au prix moyen de la couverture en œuvre, déduction faite de lattes et clous 0 330

242. *Sur tuile neuve à emboîtement.*

(Tranchis ordinaire, c'est-à-dire avec taille de tuile.)

1 tuile 1/2, à 203f 00 prix moyen déboursé		0f 305	
8 minutes de façon	0 162	0 186	
Faux frais	0 024		
		0 491	
Bénéfice 1/10		0 049	
Valeur			0 540

Tranchis biais pour noue.

243. *Sur tuile neuve, grand moule.*

3 tuiles 1/2, à 100f 00		0f 350	
20 minutes de façon	0 405	0 466	
Faux frais	0 061		
		0 816	
Bénéfice 1/10		0 082	
Valeur			0 90

244. *Sur tuile vieille fournie.*

3 tuiles 1/2, à 50f 00 .... 0f 175
20 minutes de façon et faux frais 0 466
0 641
Bénéfice 1/10 .... 0 064
Valeur 0 705

245. *Sur tuile vieille non fournie.*

20 minutes de façon et faux frais 0f 466
Bénéfice 1/10 .... 0 047
Valeur 0 513

246. *Sur tuile neuve, petit moule.*

4 tuiles 1/2, à 65f 00 le mille 0f 293
25 minutes de façon .... 0 506 } 0 582
Faux frais .... 0 076 }
0 875
Bénéfice 1/10 .... 0 088
Valeur 0 96

247. *Sur tuile, petit moule, non fournie.*

25 minutes de façon et faux frais 0f 582
Bénéfice 1/10 .... 0 058
Valeur 0 640

248. *Sur tuile à emboîtement, à la scie.*

2 tuiles à 203f 00 le mille, prix moyen 0f 406
2 heures 5 minutes de façon, à 1f 215 ...... 2 531 } 2 911
Faux frais, 15 p. 0/0 .... 0 380 }
3 317
Bénéfice 1/10 .... 0 332
Valeur 3 649

249. Nota. — La façon d'une noue et de son tranchis caché sera comptée aux prix ci-dessus.

Tranchis biais simple pour arêtier.

250. *Sur tuile neuve grand moule.*

2 tuiles 1/2, à 100f 00 le mille 0f 250
0.005 cubes de plâtre, à 17f 50 le mètre .. 0 088
0 338 } 0 340
Déchet de plâtre .... 0 002 }
20 minutes de façon .... 0 405 } 0 466
Faux frais .... 0 061 }
0 806
Bénéfice 1/10 .... 0 081
Valeur 0 89

251. *Sur tuile vieille, grand moule, fournie.*

2,5 tuiles à 50f 00 le mille .... 0f 125 } 0 215
Plâtre avec déchet, comme ci-dessus ...... 0 090 }
20 minutes de façon .... 0 405 } 0 466
Faux frais .... 0 051 }
0 681
Bénéfice 1/10 .... 0 068
Valeur 0 749

252. *Sur tuile, grand moule, non fournie.*

Plâtre et déchet comme ci-dessus		0^{f} 090	
20 minutes de façon et faux frais		0 466	
		0 556	
Bénéfice 1/10		0 056	
Valeur			0 612

253. *Sur tuiles neuves, petit moule.*

3 tuiles à 65^{f} 00 le mille	0^{f} 195	0 285	
Plâtre	0 090		
25 minutes de façon	0 506	0 582	
Faux frais	0 076		
		0 867	
Bénéfice 1/10		0 087	
Valeur			0 95

254. *Sur tuiles, petit moule, non fournies.*

Plâtre		0^{f} 090	
25 minutes de façon et faux frais		0 582	
		0 672	
Bénéfice 1/10		0 067	
Valeur			0 739

255. *Sur tuiles à emboîtement, fournies.*

2 tuiles à 203^{f} 00 le mille, prix moyen	0^{f} 406		
0.010 de plâtre à 17^{f} 50 le mètre	0 175		
	0 581	0 585	
Déchet de plâtre	0 004		
15 minutes de façon, à 1^{f} 215 l'heure	0 304	0 350	
Faux frais	0 046		
		0 935	
Bénéfice 1/10		0 094	
Valeur			1 029

Faitage neuf.

256. *En faîtières neuves de Bourgogne, ordinaires, avec plâtre pour scellement, crêtes et embarrures.*

(Les faîtières espacées de 0^{m}05).

2 faîtières 2/3, à 0^{f} 50 l'une	1^{f} 333		
0.012 de plâtre, à 17^{f} 50 le mètre	0 210		
	1 543	1 582	
Déchet 1/40	0 039		
40 minutes de façon, à 1^{f} 215 l'heure	0 810	0 932	
Faux frais, 15 p. 0/0 de la main-d'œuvre	0 122		
		2 514	
Bénéfice 1/10		0 251	
Valeur			2 765

257. *En faîtières de Bourgogne à bourrelet.*

3 faîtières à 0^{f} 60 l'une	1^{f} 800		
0.012 cubes de plâtre	0 210		
	2 010	2 060	
Déchet 1/40	0 050		
30 minutes de façon	0 608	0 699	
Faux frais	0 091		
		2 759	
Bénéfice 1/10		0 276	
Valeur			3 035

Faîtage en faîtières non fournies.

Nota. Il est expressément entendu que les prix de faîtage en faîtières non fournies établis ci-contre n'impliquent pas le prix de démolition détaillée plus loin. C'est pour mieux faire sentir cette réserve que l'expression **Remanié** n'a pas été employée.

258. *Ordinaire, avec plâtre pour scellement, crêtes et embarrures.*

0.012 de plâtre	0f 210	0 215	
Déchet 1/40	0 005		
40 minutes de façon et faux frais		0 932	
		1 147	
Bénéfice 1/10		0 115	
Valeur			1 262

259. *A bourrelet, avec plâtre pour scellement et embarrures.*

0.012 de plâtre	0f 210	0 215	
Déchet 1/40	0 005		
30 minutes de faux frais et façon		0 699	
		0 914	
Bénéfice 1/10		0 091	
Valeur			1 005

260. **Faîtage** *en vieilles faîtières fournies, avec crêtes et embarrures.*

2 faîtières 2/3, à 0f 35 l'une	0f 933		
0.012 cubes de plâtre	0 210		
	1 143	1 172	
Déchet 1/40	0 029		
40 minutes de façon et faux frais		0 932	
		2 104	
Bénéfice 1/10		0 210	
Valeur			2 314

261. **Faîtage** *pour crêtes et embarrures seulement.*

0.009 de plâtre, à 17f 50 le mètre	0f 158	0 162	
Déchet 1/40	0 004		
35 minutes de façon, y compris dégradation préalable	0 709	0 815	
Faux frais	0 106		
		0 977	
Bénéfice 1/10		0 098	
Valeur			1 075

262. **Démolition de faîtage**, *les matériaux rangés, mais non descendus.*

5 minutes de façon, à 1f 215 l'heure	0f 097	0 112	
Faux frais, 15 p. 100	0 015		
Bénéfice 1/10		0 011	
Valeur			0 123

263. **Plâtres de couverture** *pour solin, filet, ruellée, arêtier (prix moyen).*

0.008 cubes de plâtre, à 17f 50 le mètre	0f 140	0 144	
Déchet 1/40	0 004		
18 minutes, de façon	0 365	0 420	
Faux frais	0 055		
		0 564	
Bénéfice 1/10		0 056	
Valeur			0 620

264. *Devirure au droit des tranchis apparents ou non apparents.*

0.004 de plâtre	0f 070	0 072	
Déchet 1/40	0 002		
9 minutes de façon	0 182	0 072	
Faux frais	0 027		
		0 281	
Bénéfice 1/10		0 028	
Valeur			0 309

OUVRAGES A LA PIÈCE.

Ardoises neuves fournies et posées en recherche.

265. *Modèle anglais, n° 1.*

100 ardoises, à 315f 00 le mille.........	31f 500		
200 clous en cuivre, à 11f 35 le mille....	2 270		
	33 770	34 614	
Déchet 1/40.............	0 844		
1 journée de couvreur et aide...........	10 500	12 075	
Faux frais, 15 p. 100..................	1 575		
		46 689	
Bénéfice 1/10....................		4 669	
Valeur........		51 358	
Soit pour une ardoise......................			0 514

266. *Modèle anglais, n° 2.*

100 ardoises, à 292f 00 le mille.........	29f 200		
200 clous en cuivre...................	2 270		
	31 470	32 257	
Déchet 1/40.............	0 787		
1 journée de couvreur et aide...........	10 500	12 075	
Faux frais..........................	1 575		
		44 332	
Bénéfice 1/10....................		4 433	
Valeur........		48 765	
Soit pour une ardoise......................			0 488

267. *Modèle anglais, n° 3.*

100 ardoises, à 242f 00 le mille.........	24f 200		
200 clous de cuivre...................	2 270		
	26 470	27 132	
Déchet 1/40.............	0 662		
1 journée de façon et faux frais...................		12 075	
		39 207	
Bénéfice 1/10....................		3 921	
Valeur........		43 128	
Soit pour une ardoise......................			0 431

268. *Modèle anglais, n° 4.*

100 ardoises, à 193f 00 le mille.........	19f 300		
200 clous en cuivre...................	2 270		
	21 570	22 109	
Déchet 1/40.............	0 539		
1 journée de façon et faux frais...................		12 075	
		34 184	
Bénéfice 1/10....................		3 418	
Valeur........		37 602	
Soit pour une ardoise......................			0 376

269. *Modèle anglais, n° 5.*

100 ardoises, à 156f 00 le mille.........	15f 600		
200 clous en cuivre...................	2 270		
	17 870	18 317	
Déchet 1/40.............	0 447		
1 journée de façon et faux frais...................		12 075	
		30 392	
Bénéfice 1/10....................		3 039	
Valeur........		33 341	
Soit pour une ardoise......................			0 334

270. *Modèle anglais, n° 6.*

100 ardoises, à 137f 00 le mille..........	13f 700		
200 clous en cuivre....................	2 270		
	15 970	16 369	
Déchet 1/40..............	0 399		
1 journée de façon et faux frais..................		12 075	
		28 444	
Bénéfice 1/10.....................		2 844	
Valeur........		31 288	
Soit pour une ardoise.....................			0 313

271. *Grande carrée, d'Angers, 1er modèle.*

100 ardoises à 50f 00 le mille............	5f 000		
200 clous à ardoises, à 1f 50 le mille......	0 300		
	5 300	5 565	
Déchet 1/20..............	0 265		
1 journée de façon et faux frais..................		12 075	
		17 640	
Bénéfice 1/10.....................		1 764	
Valeur.........		19 404	
Soit pour une ardoise.....................			0 194

272. *Grande carrée, d'Angers, 2e modèle.*

100 ardoises, à 46f 00 le mille...........	4f 600		
200 clous...........................	0 300		
	4 900	5 145	
Déchet 1/20..............	0 245		
1 journée de façon et faux frais..................		12 075	
		17 220	
Bénéfice 1/10.....................		1 722	
Valeur.......		18 942	
Soit pour une ardoise.....................			0 189

273. *Cartelette d'Angers.*

100 ardoises, à 36f 00 le mille...........	3f 600		
200 clous...........................	0 300		
	3 900	4 095	
Déchet 1/20..............	0 195		
1 journée de façon et faux frais..................		12 075	
		16 170	
Bénéfice 1/10.....................		1 617	
Valeur........		17 787	
Soit pour une ardoise.....................			0 178

274. *Ardoises neuves de Fumay, fournies et posées en recherche.*

Même détail et même prix que pour les ardoises cartelettes d'Angers.. 0f 178

Ardoises neuves en recherche fournies avec clous, mais sans pose.

275. *Modèle anglais, n° 1.*

100 ardoises..........................	31f 500		
200 clous en cuivre....................	2 270		
	33 770	34 614	
Déchet 1/40..............	0 844		
Bénéfice 1/10.....................		3 461	
Valeur........		38 075	
Soit pour une ardoise.....................			0 381

276. *Modèle anglais, n° 2.*

Ardoises, clous et déchet	32f 257	
Bénéfice 1/10	3 226	
Valeur	35 483	
Soit pour une ardoise		0 355

277. *Modèle anglais, n° 3.*

100 ardoises, 200 clous et déchet	27f 132	
Bénéfice 1/10	2 713	
Valeur	29 845	
Soit pour une ardoise		0 298

278. *Modèle anglais, n° 4.*

Ardoises, clous et déchet	22f 109	
Bénéfice 1/10	2 211	
Valeur	24 320	
Soit pour une ardoise		0 243

279. *Modèle anglais, n° 5.*

Ardoises, clous et déchet	18f 317	
Bénéfice 1/10	1 832	
Valeur	20 149	
Soit pour une ardoise		0 201

280. *Modèle anglais, n° 6.*

Ardoises, clous et déchet	16f 369	
Bénéfice 1/10	1 637	
Valeur	18 006	
Soit pour une ardoise		0 180

281. *Grandes carrées, 1er modèle.*

100 ardoises, 200 clous et déchet	5f 565	
Bénéfice 1/10	0 557	
Valeur	6 122	
Soit pour une ardoise		0 061

282. *Grandes carrées, 2e modèle.*

100 ardoises, 200 clous et déchet	5f 145	
Bénéfice 1/10	0 515	
Valeur	5 660	
Soit pour une ardoise		0 057

283. *Cartelettes.*

100 ardoises, 200 clous et déchet	4f 095	
Bénéfice 1/10	0 410	
Valeur	4 505	
Soit pour une ardoise		0 045

284. *Ardoises de Fumay.*

Même prix que les cartelettes d'Angers 0 045

Ardoises neuves en recherche pour fourniture à pied-d'œuvre seulement.

		100 ARDOISES.	DÉCHET.	TOTAL.	BÉNÉFICE.	TOTAL.	PRODUIT pour 1 ARDOISE.
285.	*Modèle anglais* n° 1	31f 500	0f 788	32f 288	3f 229	35f 517	0f 355
286.	*Id.* n° 2	29 200	0 730	29 930	2 993	32 923	0 329
287.	*Id.* n° 3	24 200	0 605	24 805	2 481	27 286	0 273
288.	*Id.* n° 4	19 300	0 483	19 783	1 978	21 761	0 218
289.	*Id.* n° 5	15 600	0 390	15 990	1 599	17 589	0 176
290.	*Id.* n° 6	13 700	0 343	14 043	1 404	15 447	0 154
291.	*Grandes carrées* 1er *modèle*	5 00	0 250	5 250	0 525	5 775	0 058
292.	*Grandes carrées* 2e *modèle*	4 60	0 230	4 830	0 483	5 313	0 053
293.	*Cartelettes*	3 60	0 180	3 780	0 378	4 158	0 042
294.	*de Fumay grandes carrées*	3 60	0 180	3 780	0 378	4 158	0 042

Ardoises non fournies ou remaniées en recherche avec clous fournis.

295. *Modèle anglais, tous les numéros.*

200 clous en cuivre, à 11f 35 le mille	2f 270	2 327	
Déchet 1/40	0 057		
1 journée de façon et faux frais		12 075	
Valeur		14 402	
Soit pour une ardoise			0 144

296. *Grandes carrées et cartelettes.*

200 clous fins, en fer, à 1f 50 le mille	0f 300	0 315	
Déchet 1/20	0 015		
1 journée de façon et faux frais		12 075	
Valeur		12 390	
Soit pour une ardoise			0 124

Tuiles en recherche.

297. *Grand moule, neuves, pour fourniture seulement.*

(Détail pour un cent).

100 tuiles à 100f 00 le mille	10f 000	10 250	
Déchet 1/40	0 250		
Bénéfice 1/10		1 025	
Valeur		11 275	
Soit pour une tuile			0 113

298. *Grand moule, fournies et posées sur vieux lattis.*

100 tuiles, à 100f 00 le mille	10f 000	10 250	
Déchet 1/40	0 250		
5 heures de couvreur et aide, à 1f 215 l'heure.	6 075	6 986	
Faux frais, 15 p. 100 de la main-d'œuvre	0 911		
		17 236	
Bénéfice 1/10		1 724	
Valeur		18 960	
Soit pour une tuile			0 19

299. *Grand moule, vieilles, fournies et posées sur vieux lattis.*

100 tuiles, à 50f 00 le mille	5f 000	5 125	
Déchet 1/40	0 125		
5 heures de façon et faux frais		6 986	
		12 111	
Bénéfice 1/10		1 211	
Valeur		13 322	
Soit pour une tuile			0 133

300. *Tuiles grand moule, neuves, fournies et scellées.*

100 tuiles, à 100f 00 le mille	10f 000		
0.070 cubes de plâtre, à 17f 50 le mètre	1 225		
	11 225	11 506	
Déchet 1/40	0 281		
6 heures 40 minutes de façon, à 1f 215 l'heure	8 105	9 320	
Faux frais, 15 p. 100 de la main-d'œuvre	1 215		
		20 826	
Bénéfice 1/10		2 083	
Valeur		22 909	
Soit pour une tuile			0 23

301. *Tuiles grand moule, vieilles, fournies et scellées.*

100 tuiles, à 50f 00 le mille	5f 000		
0.070 cubes de plâtre, à 17f 50 le mètre	1 225		
	6 225	6 381	
Déchet 1/40	0 156		
6 heures 40 minutes de façon et faux frais		9 320	
		15 701	
Bénéfice 1/0		1 570	
Valeur		17 271	
Soit pour une tuile			0 173

302. *Tuiles grand moule, non fournies et posées sur vieux lattis.*

5 heures de façon et faux frais	6f 986	
Bénéfice 1/10	0 699	
Valeur	7 685	
Soit pour une tuile		0 077

303. *Tuiles grande moule, non fournies, scellées.*

0.070 cubes de plâtre	1f 225	1 256	
Déchet 1/40	0 031		
6 heures 40 minutes de façon et faux frais		9 320	
		10 576	
Bénéfice 1/10		1 058	
Valeur		11 634	
Soit pour une tuile			0 116

304. *Neuves, pour fourniture seulement.*

100 tuiles	6f 500	6 663	
Déchet 1/40	0 163		
Bénéfice 1/10		0 666	
Valeur		7 299	
Soit pour une tuile			0 073

Tuiles petit moule en recherche.

(Détail pour un cent).

305. *Neuves, sur vieux lattis.*

100 tuiles, à 65f 00 le mille	6f 500	6 663	
Déchet 1/40	0 163		
4 heures 30 minutes de façon, à 1f 215 l'heure	5 468	6 288	
Faux frais, 15 p. 100 de la main-d'œuvre.	0 820		
		12 951	
Bénéfice 1/10		1 295	
Valeur		14 246	
Soit pour une tuile			0 142

306. *Neuves, scellées.*

100 tuiles	6f 500		
0.060 cubes de plâtre	1 050		
	7 550	7 739	
Déchet 1/40	0 189		
6 heures 10 minutes de façon	7 493	8 617	
Faux frais	1 124		
		16 356	
Bénéfice 1/10		1 636	
Valeur		17 992	
Soit pour une tuile			0 18

307. *Non fournies, posées sur vieux lattis.*

4 heures 30 minutes de façon et faux frais.	6f 288	
Bénéfice 1/10	0 629	
Valeur	6 917	
Soit pour une tuile		0 069

308. *Non fournies, scellées.*

0.060 cubes de plâtre	1f 050	1 076	
Déchet 1/40	0 026		
6 heures 10 minutes de façon et faux frais		8 617	
		9 693	
Bénéfice 1/10		0 969	
Valeur		10 662	
Soit pour une tuile			0 107

Faîtières de Bourgogne.

309. *Ordinaire, pour fourniture seulement.*

Prix d'achat	0f 500	0 550
Bénéfice 1/10	0 050	

310. *Ordinaire, fournie et posée, avec plâtre pour scellement, crêtes et embarrures.*

Prix d'achat	0f 500	0 608	
0.006 cubes de plâtre	0 105		
Déchet de plâtre	0 003		
25 minutes de façon	0 506	0 582	
Faux frais	0 076		
		1 190	
Bénéfice 1/10		0 119	
Valeur			1 309

311. *Ordinaire, non fournie, mais posée, avec scellement, crêtes et embarrures.*

0.006 cubes de plâtre	0f 105	0 108	
Déchet 1/10	0 003		
25 minutes de façon et faux frais		0 582	
		0 690	
Bénéfice 1/10		0 069	
Valeur			0 759

312. Nota. — Dans les sous-détails qui précèdent, la pose d'une faîtière comprend la dépose préalable d'une autre faîtière avec démolition de ses plâtres. En outre la quantité de plâtre neuf indiquée, comprend deux crêtes et un excédant d'embarrure de chaque côté.

313. *A bourrelet.*

Pour fourniture 0 660

314. *A bourrelet, pour fourniture avec scellement et embarrures.*

Prix d'achat	0f 600	0 690	
0.005 de plâtre	0 088		
Déchet de plâtre	0 002		
20 minutes de façon	0 405	0 466	
Faux frais	0 061		
		1 156	
Bénéfice 1/10		0 116	
Valeur			1 272

315. *A bourrelet, non fournie, pour pose, scellement et embarrures.*

Nota. La pose d'une faîtière à bourrelet comprend la démolition de celle qu'elle remplace.

0.005 de plâtre avec déchet	0f 090	
20 minutes de façon et faux frais	0 466	
	0 556	
Bénéfice 1/10	0 056	
Valeur		0 612

316. *Vue de faîtière neuve.*

0.50 de volige, à 0f 12 le mètre	0f 060	0 677	
4 clous à 3f 00 le mille	0 012		
0.006 cubes de plâtre, à 17f 50	0 105		
Une faîtière de Bourgogne ordinaire	0 500		
40 minutes de façon	0 810	0 922	
Faux frais, 15 p. 100 de la main-d'œuvre	0 122		
		1 599	
Bénéfice 1/10		0 160	
Valeur			1 759

317. *Vue de faîtière remaniée.*

0.50 de volige	0f 060	0 177	
4 clous	0 012		
0.006 cubes de plâtre	0 105		
40 minutes de façon et faux frais		0 922	
		1 099	
Bénéfice 1/10		0 110	
Valeur			1 209

Volige neuve en recherche.

318. *Pour fourniture seulement.*

Prix d'achat		$0^{f}241$	
Bénéfice 1/10		0 024	
Valeur			0 265

319. *Pour fourniture avec clous.*

Volige		$0^{f}241$	
12 clous à $3^{f}00$ le mille		0 036	
		0 277	
Bénéfice 1/10		0 028	
Valeur			0 305

320. *Pour fourniture avec clous et pose.*

(Ordinairement en petites parties).

Volige et clous comme ci-dessus		$0^{f}277$	
8 minutes de façon en moyenne	0 162	0 186	
Faux frais, 15 p. 0/0	0 024		
		0 463	
Bénéfice 1/10		0 046	
Valeur			0 509

321. *Non fournie, posée avec clous fournis.*

12 clous		$0^{f}036$	
Façon et faux frais comme ci-dessus		0 186	
		0 222	
Bénéfice 1/10		0 022	
Valeur			0 244

Latte en recherche.

322. *Pour fourniture seulement.*

Prix d'achat		$0^{f}031$	
Bénéfice 1/10		0 003	
Valeur			0 034

323. *Pour fourniture avec clous.*

Latte	$0^{f}031$	0 037	
4 clous, à $1^{f}47$ le mille	0 006		
Bénéfice 1/10		0 004	
Valeur			0 041

324. *Pour fourniture avec clous et pose.*

Latte et clous		$0^{f}037$	
3 minutes de façon	0 061	0 070	
Faux frais	0 009		
		0 107	
Bénéfice 1/10		0 011	
Valeur			0 118

325. *Non fournie, posés avec clous fournis.*

Clous		$0^{f}006$	
3 minutes de façon et faux frais		0 070	
		0 076	
Bénéfice 1/10		0 008	
Valeur			0 084

326. *Pose de coyau.*

2 clous forgés, à 7f 50 le mille		0f 015	
9 minutes de façon, à 1f 215 l'heure	0 182	0 209	
Faux frais, 15 p. 0/0	0 027		
		0 224	
Bénéfice 1/10		0 022	
Valeur			0 246

327. *Façon et pose de noquet droit.*

2 clous à 3f 00 le mille		0f 006	
7 minutes de façon	0 142	0 163	
Faux frais	0 021		
		0 169	
Bénéfice 1/10		0 017	
Valeur			0 186

328. *Noquet biais.*

A fois 1/2 du noquet droit 0 279

329. *Pose de châssis.*

(De 1m85 à l'équerre et au-dessous, entre 2 chevrons, sans plâtre ni coupement de charpente).

18 clous à volige, à 3f 00 le mille		0f 054	
35 minutes de façon, à 1f 215 l'heure	0 709	0 815	
Faux frais, 15 p. 0/0 de la main-d'œuvre	0 106		
		0 869	
Bénéfice 1/10		0 087	
Valeur			0 956

330. Nota. — Pour les châssis de plus grandes dimensions, plus-value proportionnée à la grandeur du châssis pour difficulté de montage, sujétion de pose, etc.

331. *Châssis à tabatière fourni.*

(Dormant en fer ou en fonte).

Le mètre linéaire, mesure prise à l'intérieur du dormant. — Prix du tarif de serrurerie 6f 20

332. Plus-value pour poulie, la pièce 2 50

333. *Pose de crochet d'échelle avec vis non fournie*

(y compris pose de noquets.)

30 minutes de façon	0f 608	0 699	
Faux frais	0 091		
Bénéfice 1/10		0 070	
Valeur			0 769

Œil de bœuf en terre cuite.

334. *Pour fourniture seulement.*

Fourniture d'œil de bœuf, prix d'achat	2 60	
Bénéfice 1/10	0 26	
Valeur		2 86

335. *Fourni et posé.*

Fourniture d'œil de bœuf	2f 600	2 705	
Plâtre	0 105		
1 heure de façon	1 215	1 397	
Faux frais	0 182		
		4 102	
Bénéfice 1/10		0 410	
Valeur			4 512

336. *Mitre en grès fournie et posée.*

Une mitre coûte	1f 150	1 509	
0.020 cubes de plâtre pour scellement et solin	0 350		
Déchet de plâtre	0 009		
35 minutes de façon, à 1f 215 l'heure	1 144	1 281	
Faux frais	0 167		
		2 790	
Bénéfice 1/10		0 279	
Valeur			3 069

337. *Mitre non fournie, posée.*

0.020 cubes de plâtre	0f 350	0 359	
Déchet 1/40	0 009		
35 minutes de façon et faux frais		1 281	
		1 640	
Bénéfice 1/10		0 164	
Valeur			1 804

Ouvrages divers, au mètre superficiel, exécutés par les couvreurs.

338. *Voligeage neuf jointif en peuplier de 0.013 d'épaisseur.*

9.00 de volige, à 0f 12 le mètre	1f 080		
54 clous à volige, à 3f 00 le mille	0 162		
	1 242	1 273	
Déchet 1/40	0 031		
10 minutes de façon, à 1f 215 l'heure	0 203	0 233	
Faux frais, 15 p. 0/0 de la main-d'œuvre	0 030		
		1 506	
Bénéfice 1/10		0 151	
Valeur			1 657

Nota. Le sous-détail ci-contre est applicable aux travaux faits en grande partie. Lorsque le voligeage sera fait en parties d'une surface inférieure à 2 mètres, soit 9 voliges posées en contiguïté, on comprendra une plus-value raisonnée sur l'excédant de main-d'œuvre pour débit des voliges, et sur la quantité de clous dépassant la quantité normale, avec la main-d'œuvre que comporte l'excédant de clouage.

339. *Voligeage jointif à façon, mais les clous fournis.*

54 clous, à 3f 00 le mille	0f 162	0 166	
Déchet 1/40	0 004		
10 minutes de façon	0 203	0 233	
Faux frais	0 030		
		0 399	
Bénéfice 1/10		0 040	
Valeur			0 439

Nota. Lorsque les voliges proviendront de découverture, elles donneront lieu, pour triage et extraction de vieux clous, à une plus-value de 0 fr. 10 cent. par mètre superficiel.

340. *Pente en plâtre de 0.025 d'épaisseur sur voligeage jointif fourni, pour plomb ou zinc de couverture, savoir :*

NOUES, GOUTTIÈRES DE CHASSIS OU DE CHEMINÉE, ARÊTIERS, ETC.

9.00 de volige, à 0f 12	1f 080		
54 clous à volige, 3f 00 le mille	0 162		
0.025 cubes de plâtre, à 17f 50 le mètre	0 438		
	1 680	1 722	
Déchet 1/40	0 042		
40 minutes de façon, à 1f 215 l'heure	0 810	0 932	
Faux frais	0 122		
		2 654	
Bénéfice 1/10		0 265	
Valeur			2 919

341. *Pente*, idem, *sur voligeage non fourni, mais cloué.*

54 clous à volige	0^f 162		
0.025 cubes de plâtre	0 438		
	0 600		
Déchet 1/40	0 015	0 615	
40 minutes de façon et faux frais		0 932	
		1 547	
Bénéfice 1/10		0 155	
Valeur			1 702

342. *Pente en plâtre sur voligeage non recloué ou sans voliges.*

0.025 cubes de plâtre	0^f 438		
Déchet 1/40	0 011	0 449	
30 minutes de façon	0 608		
Faux frais	0 091	0 699	
		1 148	
Bénéfice 1/10		0 115	
Valeur			1 263

343. *Pente en plâtre au-dessus de 0.025 d'épaisseur, jusqu'à 0.05 d'épaisseur totale.*

Pour chaque centimètre d'épaisseur :

0.010 cubes de plâtre, à 17^f 50	0^f 175		
Déchet 1/40	0 004	0 179	
6 minutes de façon, à 1^f 215	0 122		
Faux frais	0 018	0 140	
		0 319	
Bénéfice 1/10		0 032	
Valeur			0 351

Nota. La Chambre des entrepreneurs de maçonnerie estime à 40 heures de maçon et aide le temps nécessaire à l'emploi d'un mètre cube de plâtre pour enduit renformis, soit 600 minutes par mètre, ou 6 minutes par centimètre. Mais il est à observer que ce calcul, applicable à des travaux exécutés en grandes parties, serait inexact et insuffisamment rémunérateur, appliqué aux travaux de couverture, dont l'extrême division relative ne permet pas l'emploi d'un mètre cube de plâtre dans le même laps de temps. — Néanmoins, le chiffre de 6 minutes adopté ci-dessus produit une allocation supérieure à celle du Tarif de la Ville de Paris.

344. *Glacis en plâtre de 0.015 d'épaisseur.*

(Compte tenu du peu de largeur et des petites parties.)

0.015 de plâtre, à 17^f 50 le mètre cube	0^f 263		
Déchet 1/40	0 007	0 270	
30 minutes de façon	0 608		
Faux frais	0 091	0 699	
		0 969	
Bénéfice 1/10		0 097	
Valeur			1 066

345. *Massif en plâtras fournis, pour cheneau, avec pente en plâtre, cueillies et ressauts (de 0.10 d'épaisseur).*

0.090 de plâtras, à 3^f 65 le mètre	0^f 329		
0.025 cubes de plâtre, à 17^f 50 le mètre	0 438		
	0 767		
Déchet 1/40	0 019	0 786	
1 heure 35 minutes de façon, à 1^f 215 l'heure	1 924		
Faux frais, 15 p. 100 de la main-d'œuvre	0 289	2 213	
		2 999	
Bénéfice 1/10		0 145	
Valeur			3 299

346. Pour chaque 0^m01 en plus ou en moins 0 145

347. *Massif, comme le précédent, mais avec plâtras non fournis.*

0.025 cubes de plâtre	0f 438	0 449	
Déchet 1/40	0 011		
1 heure 35 minutes de façon	1 924	2 213	
Faux frais	0 289		
		2 662	
Bénéfice 1/10		0 266	
Valeur			2 928

348. Pour chaque 0m01 en plus ou en moins 0 109

Plomb neuf, pour montage et pose, sans aucune espèce de fourniture.

(LE PLOMB DE 0m0025 PRIS COMME TERME MOYEN.)

(Le poids calculé d'après la surface en œuvre.)

349. *Pour cheneaux et terrassons droits de 1m20 de largeur et au-dessous.*

(Y compris façon de reliefs, besaces et ressauts, mais sans entailles, coupes d'angles ni sertissages ou emboutissages pour saillies ou pénétrations accidentelles.)

Pour 1m00 superficiel :

1 heure 10 minutes de façon, à 1f215 l'heure	1f 418	1 631	
Faux frais, 15 p. 100	0 213		
Bénéfice 1/10		0 163	
Valeur		1 794	
$\frac{1^f\ 794}{28^k\ 40}$: Soit pour un kilogramme			0 063

350. *Pour terrasses de plus de 1m20 de largeur.*

(Y compris façon de reliefs, besaces et ressauts, mais sans entailles, coupes d'angles ni sertissages ou emboutissages pour saillies ou pénétrations accidentelles.)

53 minutes de façon, à 1f 215 l'heure	1f 073	1 234	
Faux frais, 15 p. 100	0 161		
Bénéfice 1/10		0 123	
Valeur		1 357	
Soit pour un kilogramme			0 048

Plus-value pour développement de reliefs sur plan circulaire.

351. Pour cheneau, le kilogramme .... 0f 050 — Y compris fractionnement des tables s'il y a lieu.

352. Pour terrasse, le mètre courant 0 500

353. NOTA. A moins que les prix ci-dessus ne soient appliqués au poids de plomb reconnu par attachement, ils seront augmentés de 1/40 pour montage, façon et retaille du déchet.

354. *Pour alaises, bavettes, etc., au droit des châssis et cheminées.*

Attendu l'emploi fréquent de plomb au-dessous de 0.0025 d'épaisseur et en petites parties, même prix que pour cheneaux. 0f 063

Plomb vieux.

355. *Pour dépose et repose, sans descente ni rangement.*

Mêmes prix que ci-dessus pour le plomb neuf........... Observat.

356. *Pour dépose, descente et rangement.*

21 minutes par mètre..................	0f 425	0 489	
Faux frais.............................	0 064		
			Le kil.
Bénéfice 1/10.....................		0 049	0 019
Valeur........		0 538	

Clouage avec clous mariniers, de 170 au kilogramme, à 1 fr. 10 le kilogramme.

Soit pour 1000 clous........ 6f 47

Détail pour 100 clous :

100 clous, à 6f 47 le mille..............	0f 647	0 663	
Déchet 1/40..............	0 016		
Façon et montage, 45 minutes, à 1f 215...	0 911	1 048	
Faux frais............................	0 137		
		1 711	
Bénéfice 1/10.....................		0 171	
Valeur........		1 882	
Soit pour un clou..........................			0 019

Conséquence :

Le mètre linéaire de clouage vaut :

357. Les clous étant espacés de 0.01.......................... 1 882

358. Les clous étant espacés de 0.02.......................... 0 941

359. Les clous étant espacés de 0.03.......................... 0 627

360. Les clous étant espacés de 0.04.......................... 0 471

361. Les clous étant espacés de 0.05.......................... 0 376

362. *Entailles ou engravures aux poteaux de lucarnes.*

Le mètre linéaire.................................... 1 10

363. *Planche, chêne ou sapin, non fournie, montée et posée pour socle de cheneau.*

Le mètre linéaire.................................... 0 600

Trous et scellements pour équerre en fer de cheneau.

364. Dans le moellon ou la pierre tendre...................... 0 400

365. Dans la pierre dure.................................... 1 000

366. *Plâtre fourni, le sac.*

1.000 cubes de plâtre..........................	17f 500	
Bénéfice 1/10....................	1 750	
	19 250	
A 40 sacs par mètre, produit pour un sac.....		0 481

Sauf plus-value de déchet et transport au détail.

367. Nota. Le plâtre fourni en détail pour réparations peu importantes sera livré au prix de (le sac)...................... 0 600

OUVRAGES EN ZINC

PRIX DE BASE

368. *Journée de compagnon.*

(9 heures du 16 mars au 15 novembre; 8 heures du 16 novembre au 15 mars).

Déboursé.............................. 5f 500 } 6 325
Faux frais, 15 p. 0/0.................... 0 825 }

Bénéfice 1/10...................... 0 633

Valeur....... 6 958

Main-d'œuvre applicable aux travaux.

8 mois ou 2/3 de l'année à 9 heures par jour prodt. 18
4 mois ou 1/3 de l'année à 8 heures par jour prodt. 8
En valeur. . . 26

Dont 1/3 produit une journée moyenne de 8 h. 2/3, à 9f 25 par journée, prix déboursé, prodt pour une heure 1 07.

369. *Journée de garçon.*

(9 heures du 16 mars au 15 novembre; 8 heures du 16 novembre au 15 mars).

Déboursé............................ 3 750 } 4 313
Faux frais, 15 p. 0/0.................... 0 563 }

Bénéfice 1/10...................... 0 431

Valeur........ 4 744

Journée d'attachement.

(9 heures du 16 mars au 15 novembre; 8 heures du 16 novembre au 15 mars).

De compagnon et aide ensemble......................... 11 702

Tasseaux en sapin du Nord pour couvre-joints, arêtiers et faîtages.

370. *De 0.041 de grosseur, prix d'achat.*

NOTA. Les prix de bois ci-contre et ci-après sont empruntés à la Série de prix de la ville de Paris, chapitre *Menuiserie*, nos 42, 43 et 48, année 1867.

Le mètre de planche de 0.041×0.25 coûte........ 0f 900
7 traits, y compris ceux d'extrémités, à 0f 02....... 0 140
Valeur........ 1 040

Dont 1/6 pour chaque mètre de tasseau........ 0 173

371. *De 0.054 de grosseur.*

1.00 de madrier de 0.054×0.22 coûte............ 1f 300
5 traits, y compris ceux d'extrémités, à 0f 02....... 0 100
Prodt pour 4.00 de tasseau........... 1 400

Dont le quart..................... 0 350

372. *De 0.075 de grosseur.*

1.00 de madrier sapin du Nord, de 0.08×0.22...... 1f 400
4 traits, y compris ceux d'extrémités, à 0f 03....... 0 120
Prodt pour 3.00 de tasseau........... 1 520

Soit pour 1.00.................. 0 507

373. Évidement du dessous des mêmes tasseaux pour arêtier ou faîtage.............................. le mètre linéaire. 0 06

374. *Zinc pour fourniture seulement.*

Au cours du jour de la livraison, augmenté de 1/10 de bénéfice. Observat.

375. *Prix du mètre superficiel de zinc, y compris 1/40 de déchet et 1/10 de bénéfice.*

NUMÉROS.	POIDS DU MÈTRE superficiel.	PRIX COMPOSÉ AU COURS DE										
		50f 00	55f 00	60f 00	65f 00	70f 00	75f 00	80f 00	85f 00	90f 00	95f 00	100f 00
9	2k90	1 64	1 80	1 96	2 13	2 29	2 45	2 62	2 78	2 94	3 11	3 27
10	3 45	1 95	2 14	2 33	2 53	2 71	2 92	3 11	3 31	3 50	3 70	3 89
11	4 05	2 28	2 51	2 74	2 97	3 20	3 43	3 65	3 88	4 11	4 34	4 57
12	4 65	2 62	2 88	3 15	3 41	3 68	3 93	4 19	4 46	4 72	4 98	5 24
13	5 30	2 99	3 29	3 59	3 88	4 18	4 48	4 78	5 08	5 38	5 68	5 98
14	5 95	3 36	3 69	4 03	4 36	4 70	5 03	5 37	5 70	6 04	6 37	6 71
15	6 55	3 69	4 06	4 43	4 80	5 17	5 54	5 91	6 28	6 65	7 02	7 39
16	7 50	4 23	4 65	5 07	5 50	5 91	6 34	6 77	7 19	7 61	8 03	8 46
17	8 45	4 76	5 24	5 72	6 19	6 68	7 15	7 62	8 10	8 58	9 05	9 53
18	9 35	5 27	5 80	6 33	6 85	7 38	7 91	8 43	8 96	9 49	10 02	10 54
19	10 30	5 81	6 39	6 97	7 55	8 13	8 71	9 29	9 87	10 45	11 03	11 61
20	11 25	6 34	6 98	7 61	8 25	8 88	9 51	10 15	10 78	11 42	12 05	12 68

NOTA. Le mètre cube de zinc pèse 7490k 00.

376. 1000 clous à tasseaux, n° 19, de 0.07 de longueur......... 5 300 — Pour tasseaux de 0.041, le kil. 0f90

377. 1000 clous à tasseaux, n° 22, de 0.11 de longueur....... .. 16 300 — Pour tasseaux de 0.054, le kil. 0 65
1000 clous à tasseaux, n° 23, de 0.14 de longueur......... 21 400 — Pour tasseaux de 0.080, le kil. 0 65

378. *Soudure pour plomb et zinc, composé de 2/3 de plomb et 1/3 d'étain.*

Étain....... 100k 00 coûtant............ 245f 00
Plomb vieux. 200 00 au cours de 60f 00 le plomb neuf........ 94 00
Alliage..... 300 00
Déchet 4 0/0. 12 00
Poids net... 288 00 pour un déboursé de.. 339 00
$\frac{339^f\ 00}{288^k\ 00}$ prod' pour 1k 00.... 1 177
Combustible, ingrédients, main-d'œuvre et faux frais. 0 25
1 427
Bénéfice 1/10...................... 0 143
Valeur pour fourniture............. 1 57

Soudure à cuivre (1/2 plomb, 1/2 étain)

Étain....... 100k 00 coûtant............ 245f 00
Plomb vieux. 100 00 au cours de 60f 00 le plomb neuf....... 47 00
Alliage..... 200 00
Déchet 4 0/0. 8 00
Poids net... 192 00 pour un déboursé de. 292 00
$\frac{292^f\ 00}{192^k\ 00}$ prod' pour 1k 00.... 1 521
Combustible, ingrédients, main-d'œuvre et faux frais. 0 25
1 771
Bénéfice 1/10...................... 0 177
Valeur pour fourniture............ 1 95

Observation.

Le mètre cube d'étain pèse. 7,287 kilogr.
Le mètre cube de plomb. . 11,354 kilogr.
Le mètre cube de soudure vaut :
Pour plomb et pour zinc. 15,420 francs.
Pour cuivre .... 19,240 francs.

Observation pour mémoire.

Des deux sous-détails qui précèdent, il ressort que la soudure à cuivre vaut 25 p. 0/0 de plus que la soudure ordinaire.... Observat

379. *Soudure sur zinc fournie en régie.*

Pour fourniture avec ingrédients et charbon, le kilogramme.. 2^{f} 32

380. *Charbon de bois dur.*

L'hectolitre coûte..........................	4^{f} 00	5 000	
Emmagasinage, débit et transport au détail.	1 00		
Bénéfice 1/10......................		0 500	
Valeur........		5 500	
Soit pour un décalitre.....................			0 550

381. L'hectolitre pesant $20^{k}00$ et valant.................. 5 50

Le kilogramme vaut........................ 0 275

382. *Clous à piston* (3000 *au kilogramme.*)

Le mille de clous vaut.................................. 0 60

NOTA. La soudure fournie en régie est un cas fort rare dans les travaux en zinc. Ce ne peut toutefois être que pour des réparations en recherche exigeant une main-d'œuvre relativement considérable et sans proportion avec la fourniture. Il serait donc superflu de formuler ici un prix de soudure avec main-d'œuvre d'emploi.

Principe d'application du charbon aux ouvrages en soudure.

Pour $1^{k}00$ de soudure employée au fer Mahon, il faut $1^{k}00$ de charbon, soit $0^{f}275$.

L'emploi d'un kilogramme de soudure au fer Mahon exige 52 minutes de compagnon et aide. Donc il y a lieu de compter en charbon, pour une heure de compagnon et aide, $0^{f}35$.

Mais à raison de 20 minutes par mètre de soudure sur zinc, il faudra 233 minutes pour employer $1^{k}00$ de soudure sur zinc (0k15 par mètre.

Calculant la dépense de charbon au prorata de la main-d'œuvre, on obtiendra par heure $1^{k}154$ de charbon, soit $0^{f}32$.

Et pour 233 minutes 0 70.

OUVRAGES AU MÈTRE LINÉAIRE.

383. *Tasseau en sapin de* 0.04 *de grosseur fourni et posé pour couvre-joint.*

1.00 de tasseau vaut....................	0^{f} 173		
3 clous, à 5^{f} 30 le mille..................	0 016		
	0 189	0 194	
Déchet 1/40..............	0 005		
4 minutes de façon à 1^{f} 07 l'heure, compris montage, battage de trait et pose d'agrafe en zinc...........................	0^{f} 071	0 082	
Faux frais, 15 p. 0/0....................	0 011		
		0 276	
Bénéfice 1/10......................		0 027	
Valeur........			0 30

384. *Tasseau en sapin de* 0.054 *pour arêtier ou faîtage.*

1.00 de tasseau coûte, y compris évidement	0^{f} 410		
3 clous à 16^{f} 30 le mille.................	0 049		
	0 459	0 470	
Déchet 1/40..............	0 011		
5 minutes de façon, à 1^{f} 07 l'heure.......	0 089	0 103	
Faux frais...........................	0 014		
		0 573	
Bénéfice 1/10......................		0 057	
Valeur........			0 63

NOTA. Il est important de remarquer que la Série de prix de la Ville paie un tasseau de cet équarrissage $0^{f}39$ au menuisier et $0^{f}30$ seulement au zingueur, et ce malgré la grande différence de main-d'œuvre, le sciage biais et l'évidement au dessous; enfin la différence de montage, puisque le zingueur pose toujours sur les combles.

385. *Tasseau en sapin de* 0.08, *pour arêtier et pour faîtage.*

1.00 de tasseau coûte, y compris évidement	0^{f} 567		
3 clous à 21^{f} 40 le mille.................	0 064		
	0 631	0 647	
Déchet 1/40..............	0 016		
6 minutes de façon, à 1^{f} 07 l'heure.......	0 107	0 123	
Faux frais...........................	0 016		
		0 770	
Bénéfice 1/10......................		0 077	
Valeur........			0 8

Les mêmes tasseaux non fournis, pour pose et clous.

386. De 0.040 de grosseur, y compris extraction de vieux clous.... 0 13

387. De 0.054..... id........... id........... id......... 0 17

388. De 0.080..... id........... id........... id......... 0 20

389. *Dépose de tasseaux conservés, avec descente et rangement.*

Même prix que pour pose, moins la fourniture de clous, en moyenne.. 0 10

390. *Soudure sur zinc neuf.*

La soudure sur zinc est en moyenne de 0.015 de largeur sur 0.001 d'épaisseur réduite, avant grattage.

Or, le mètre superficiel de soudure de 0.001 d'épaisseur pèse 10 kilogrammes.

Donc, multipliant 10 kilogr. par 0.015 de largeur, on obtient pour chaque mètre courant de soudure 0k150.

Et 0k150 × 1f 427 prodt................. 0f 214

Ingrédients (ammoniaque, résine, acide muriatique)........................... 0 010

Main-d'œuvre, y compris allumage de feu, pointage et grattage :

20 minutes, à 1f 07 l'heure..... 0 357 }
Faux frais, 15 p. 0/0.......... 0 054 } 0 411

Charbon.

Étant reconnu qu'il faut un kilogramme de charbon pour l'emploi d'un kilogramme de soudure au fer Mahon et qu'il est alloué 52 minutes de façon pour l'emploi d'un kilogramme de soudure au fer Mahon ;

Si l'on applique le charbon au prorata de la main-d'œuvre, ainsi que cela se pratique avec raison dans les ateliers de forge ;

Comme il tombe d'ailleurs sous le sens que 150 grammes de charbon ne peuvent suffire à l'emploi de 150 grammes de soudure sur zinc ;

Employant la formule 52 minutes : 1k00 : : 20 min. : x, on obtient pour résultat 0k385 qui, à 0f 275 le kilog. prodt....... 0 106

Déchet de soudure, ingrédients et charbon, 1/40 de la fourniture................. 0 009

Valeur avant bénéfice........ 0 750 }
Bénéfice 1/10........ 0 075 } Règlement 0f 83

391. *Soudure sur vieux zinc.*

1° Même prix que sur zinc neuf.......... 0 825 }
2° Excédant d'ingrédients.............. 0 010 } 0 835
3° Excédant de main-d'œuvre pour décapage à fond et grattage avant soudure, 7 minutes à 1f 07 l'heure........... 0 125 }
4° Faux frais, 15 p. 0/0 de la main-d'œuvre. 0 019 } 0 144
5° Bénéfice sur les art. 2, 3 et 4.................. 0 015

Prix composé........ 0 99 Soit 20 p. 0/0 de plus que sur zinc neuf.

Clouage avec clous mariniers fait par les zingueurs.

(Voir pour le sous-détail le procédé indiqué par le même clouage fait par les couvreurs.

392. Les clous étant espacés de 0.01......................... 1f 75

393. Les clous étant espacés de 0.02......................... 0 88

394. Les clous étant espacés de 0.03......................... 0 58

395. Les clous étant espacés de 0.04......................... 0 44

396. Les clous étant espacés de 0.05......................... 0 35

397. *Clouage avec clous à piston, espacés de* 0.01.

100 clous, à 0f 60 le mille..............	0 060	0f 062	
Déchet 1/40................	0 002		
25 minutes de façon, à 1f 07 l'heure......	0 446	0 513	
Faux frais..........................	0 076		
		0 575	
Bénéfice 1/10.....................		0 058	
Valeur........			0 63

Bandes de recouvrement.

DÉFINITION.

Sous le nom générique de bandes de recouvrement, on entend désigner les bandes qui garnissent ou constituent :

- Les bandeaux et capucines,
- Les corniches d'entablement et autres, y compris auvents de boutiques,
- Les attiques, les appuis de croisées,
- Le dessus des balcons, murs et cheminées,
- L'intérieur des cheneaux,
- Chacune des bandes moulurées qui entrent dans l'armature extérieure des socles de cheneaux,
- Les membrons de brisis et autres,
- Les mangeoires d'écurie,
- Les arêtiers, noues et faîtages des couvertures, combles en ardoises ou en tuiles,
- Les bandes d'égout et de filet des mêmes combles, les bandes à cheval à 2 ourlets.

Il est démontré par l'expérience et généralement reconnu par les hommes pratiques que la traditionnelle classification des bandes de recouvrement en quatre largeurs, bonne à conserver d'ailleurs, est insuffisamment rémunératrice lorsqu'il s'agit de bandes moulurées d'un certain profil. En vain quelques vérificateurs prétendent-ils s'appuyer sur des prix moyens, on ne prouvera jamais de similitude entre la bande A, recouvrant un bandeau ordinaire, et la bande B, garnissant certains appuis de croisée, ou la bande C décorant un membron de brisis; et l'assimilation est d'autant moins rationnelle

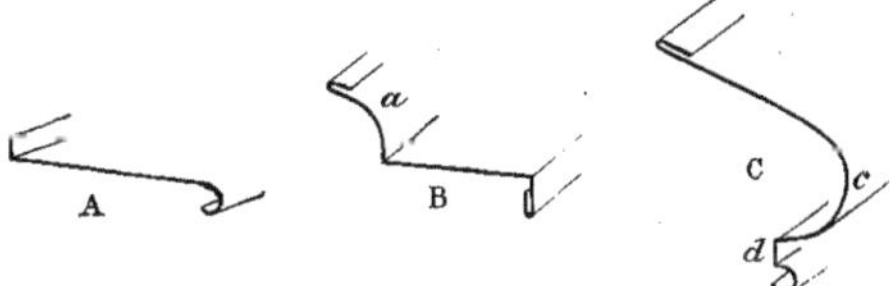

qu'il suffit, pour façonner une bande A, de connaître la largeur de la saillie à recouvrir, tandis que dans les cas B et C, l'ouvrier doit se conformer à un profil donné.

L'évaluation des moulures, au tarif de maçonnerie, donne à l'observation ci-dessus une valeur incontestable, et si l'analogie n'est pas assez complète pour l'usage des mêmes termes, le principe peut trouver dans l'analyse suivante une application logique et en même temps simplificative pour le métrage.

Exemple pour une bande de 0.25 *de largeur.*

(Valeur établie pour un mètre.)

1. Une coupe longitudinale, 2 minutes de façon à 1f 07 l'heure..................................	0 036
2. Un relief, 2 minutes de façon à 1f 07 l'heure.....	0 036
3. Un ourlet rond, 5 minutes de façon à 1f 07 l'heure.	0 089
A reporter........	0 161

Report........	0 161		
4. Une coupe longitudinale pour bande d'agrafe, 2 minutes..................................	0 036		
5. Clouage de bande d'agrafe, clous espacés de 0.05 et disposés en échiquier.....................	0 350		
6. 2 pattes de jonction en zinc, fournies et découpées à 0f 03 l'une..............................	0 060		
7. 6 clous fournis pour les pattes.................	0 020		
8. Engravure dans le plâtre, 15 minutes...........	0 268		
9. Montage et pose de bande, y compris montage et pose de bande d'agrafe.....................	0 150		
10. Solin de calfeutrement { 0.002 de plâtre...... 0 035 ; 10 minutes de façon... 0 178 }	0 213		
	1 258		
Faux frais applicables aux sous-détails 1, 2, 3, 4, 8, 9 et 10 : $\frac{0.828 \times 15}{100}$....	0 124		
	1 382		
Bénéfice 1/10.......	0 138		
Valeur d'une bande simple, A, 0.25 à 0.50 de largeur		1f 520	Non compris fourniture du zinc.

La bande A étant prise comme type, toutes les bandes de recouvrement de même largeur se décompteront de la manière suivante :

Par exemple pour le modèle B :

Façon et pose de bande de recouvrement en zinc de 0.25 de large (l'ourlet rond compensé par l'égout et sa pince)...................................	1 52	
Plus-value de moulure courbe (*a*)..................	0 200	
Valeur........		1 72

Pour le modèle C :

Façon et pose de bande de recouvrement en zinc de 0.25 à 0.50 de large........................	1f 520	
Plus-value d'une moulure droite (*b*)...............	0 100	
Plus-value d'une moulure courbe (*c*)...............	0 200	
Valeur........		1 820

Les bandes de recouvrement non engravées, mais bordées d'un ourlet rond sur chaque rive, même prix que les bandes engravées (compensation établie entre les sous-détails 3 et 5 d'une part et les sous-détails 8 et 10 d'autre part) (Mod. D). Observat.

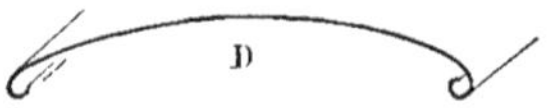

D

Les bandes de ce genre, même prix que le modèle A..	1 52	
Plus 1/10 pour cintrage............................	0 15	
Valeur........		1 67

Les bandes de 0.25 de large, étant prises comme type, celles de 0.50 de largeur et au-dessus seront taxées à 0f20 de plus pour excédant de pattes aux jonctions, supériorité de poids et augmentation de main-d'œuvre de pose proprement dite :

Les bandes de 0.15 à 0.24 de largeur, 0f 10 de moins que celles de 0.25 à 0.50.............................. Observat.

Et les bandes au-dessous de 0.15 de largeur, 0f 15 de moins que celles de 0.25 à 0.50.......................... Observat.

Les retours d'équerre ou en fausse équerre seront évalués, pour coupe, ajustement et soudure, savoir :

Bandes à section simple, 0.20 de longueur en sus.......... Observat.

Bandes moulurées à section rectiligne, 0.25 de longueur en sus. Observat.

Bandes moulurées à section curviligne ou mixtiligne, 0.30 de longueur en sus.................................... Observat.

CONCLUSION

DES SOUS-DÉTAILS RELATIFS AUX BANDES DE RECOUVREMENT.

Façon et pose de bandes de recouvrement.

(Y compris pattes, clous, vis, calottins, soudures, pose de bande d'agrafe, etc.)

398. De 0.14 de largeur et au-dessous........................ 1f 37

399. De 0.15 à 0.24 de largeur.............................. 1 42

400. De 0.25 à 0.49 de largeur.............................. 1 52

401. De 0.50 de largeur et au-dessus........................ 1 72

PLUS-VALUES :

402. Pour chaque moulure plane entre les 2 rives............... 0f 100

403. Pour chaque moulure courbe, simple...................... 0 200

404. Pour retour d'équerre sur bande non moulurée entre les rives, 0.20 de longueur en sus, zinc compris.

405. Pour retour d'équerre sur bande à moulures rectilignes, 0.25 de longueur en sus, zinc compris.

406. Pour retour d'équerre sur bande à moulures curvilignes ou mixtilignes, 0.30 de longueur en sus, zinc compris.

407. Pour bandes posées à l'échelle 1/10 en sus du prix de pose seulement.. 1/10

408. Pour amortissement (entaille dans le plâtre et raccord) 1/10 de la pose.. 1/10

409. Pour engravure dans la pierre dure ou dans la brique dure, le mètre.. 2f 00

410. Pour emploi de ciment au lieu de plâtre dans les solins de calfeutrement.. 0 08

411. Pour bandes de recouvrement posées sur plan circulaire, en proportion inverse du diamètre de la courbe, à évaluer sur place.. Observat.

412. Pour façon et soudure d'un angle sur ourlet seulement ou sur relief seulement, sans gousset.......................... 0f 25

413. Pour façon et soudure, *idem*, avec gousset............... 0 30

414.  Pour emploi de coulisseaux aux jonctions des feuilles, outre la fourniture du zinc, il sera alloué pour chacun le quart du prix de façon de la bande de recouvrement.............................. Observat.

415. 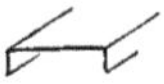 Les coulisseaux à saillie rectangulaire sur bande moulurée compteront pour façon comme 1.00 de bande de recouvrement, y compris soudure..... Observat.

415 *bis*. Plus-value sur le prix des ouvrages en zinc au mètre linéaire, pour bandes, tuyaux et gouttières employés en fractions régulières de moins de 2.00 de longueur :

1° Lorsque cet emploi sera ordonné par l'architecte.......
2° Lorsqu'il sera commandé par la distribution symétrique de l'œuvre.......................................
} 1/4 du prix normal.

Façon et pose de bandes de solin et d'égout, clouage non compris.

416. E  *Non engravées, bordées d'ourlet rond rechassé.*

Le mètre linéaire, compris faux frais et bénéfice... 0f 25 E

417. *Non engravées, bordées d'un biseau ou d'une pince ou ourlet plat.*

F Le mètre linéaire, compris faux frais et bénéfice... 0f 18 F

418. *Engravées avec solin de calfeutrement en plâtre* (G. H.).

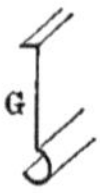

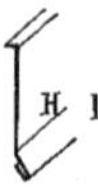

G H Dans le plâtre ou la pierre tendre, en sus des prix ci-dessus, le mètre.................... 0f 51

419. Dans la pierre dure ou dans la brique, en sus des prix ci-dessus, le mètre.. 2 15

420. Plus-value d'emploi de ciment au lieu de plâtre dans les solins de calfeutrement, le mètre............................ 0 08

Plus-value de retour d'angle.

421. Sur bande de solin bordée d'ourlet rond, la pièce........... 0f 25

422. Sur bande de solin bordée de biseau ou pince, la pièce...... 0 15

Clouage de bande de solin.

Voir les prix de clouage, nos 392 à 397.................... Observat.

423. *Couvre-joints de rive, d'arêtier ou de faîtage jusqu'à 0m16 de largeur.*

Sur couverture en ardoise ou en tuiles, pour façon et pose, le mètre linéaire, compris clous, vis, calottins, etc....... 0f 35

424. *Coupe biaise de zinc.*

Cette coupe, ordinairement faite sur le tas, à la demande d'un plan ou d'une élévation déterminés, et qui produit un déchet plus considérable sur une rive de cheneau qu'au droit d'un arêtier ou d'une noue, doit être payée partout où elle se trouve, le mètre.. 0 25

425. *Coupe circulaire de zinc.*

Depuis 1/3 jusqu'à 2 fois en sus de la coupe biaise.......
Au-dessous de 0m50 de diamètre, pour un demi-cercle entier et plus, faire le prix suivant le cas .... } Observat.

Gouttières pour façon et pose.

COMPRIS CROCHETS ESPACÉS DE 0.81 EN 0.81.

DÉTAIL POUR 2 MÈTRES :

426. *De 0.25 de largeur développée.*

2 crochets 1/2, à 0f 22 l'un..............		0f 550	
0.25 de soudure, à 0f 654 le mètre.......		0 164	
		0 714	0 718
Déchet de soudure.........		0 004	
30 minutes de façon, à 1f 07 l'heure....................	0 535	1 605	1 846
1 heure de pose.............	1 070		
Faux frais, 15 p. 100 de la main-d'œuvre.		0 241	
			2 564
Bénéfice 1/10, moins sur la soudure..			0 240
Produit pour 2 mètres...............			2 804
Valeur pour 1 mètre..................			1 40

427. *De 0.33 de largeur développée.*

2 crochets 1/2, à 0f 30 l'un	0f 750		
0.33 de soudure, à 0f 654 le mètre	0 215		
	0 965	0 970	
Déchet de soudure	0 005		
Façon, pose et faux frais, comme ci-dessus		1 846	
		2 816	
Bénéfice 1/10, moins sur la soudure		0 260	
Produit pour 2 mètres		3 176	
Dont moitié pour 1 mètre			1 60

428. *Talons de gouttière, compris soudure.*

Évalués à 0m20 de gouttière, zinc compris...... 0m20 de gouttière, y compris fourniture.

429. *Équerres de gouttière, compris soudure.*

Évaluées 0m30 de gouttière fournie et posée..... 0m30 de gouttière, y compris fourniture.

Tuyaux pour façon et pose.

430. *De 0.08 de diamètre.*

Même prix que les gouttières de 0.25.................... 1f 40

431. *De 0.11 de diamètre.*

Même prix que les gouttières de 0.33.................... 1 60

432. *Coudes et embranchements pour tuyaux.*

Evalués à 0.30 de tuyau fourni et posé....... 0.30 de longueur de tuyau fourni et posé.

433. *Dauphins, composés d'un gousset, d'un coude et d'une astragale.*

Evalués à 0.50 de tuyau fourni et posé....... 0.50 de longueur de tuyau fourni et posé.

434. *Tuyaux et gouttières pour dépose.*

En partie de 10m00 et au-dessous (sans préjudice de déplacement, aller et retour, d'échafaudage ou de cordes à nœuds), le mètre linéaire.................................... 0f 30

435. Pour chaque mètre en sus de 10.00...................... 0 10

Tuyaux et gouttières, déposés, redressés, réparés, reposés.

Même prix que les tuyaux et gouttières neufs pour façon et pose, soit :

436. de 0.08 de diamètre ou 0.25 de développement......... 1f 40

437. de 0.11 de diamètre ou 0.33 de développement......... 1 60

Nota. Quand les vieux crochets de gouttière seront conservés, il sera diminué du prix ci-contre :

438. Pour gouttière de 0.25................................ 0f 30

439. Pour gouttière de 0.33................................ 0 40

Quand les vieux colliers de tuyau seront conservés, il sera déduit du prix ci-contre :

440. Pour tuyau de 0.08.................................... 0 20

441. Pour tuyau de 0.11.................................... 0 25

442. *Nez en zinc fournis et soudés sur les tuyaux.*

La pièce.......... 0f 20

Crochets fournis.

443. Pour gouttière de 0.25, la pièce.......... 0f 30
444. Pour gouttière de 0.33, la pièce.......... 0 40
445. Pour tuyau de 0.08, la pièce.......... 0 20
446. Pour tuyau de 0.11, la pièce.......... 0 25
447. Trous tamponnés.......... 0 08

Couverture en zinc pour façon et pose en feuilles de 2m00 × 0m80.

OUVRAGES AU MÈTRE SUPERFICIEL.

448. Nota. Le sous-détail ci-après, relevé pour une feuille entière, s'applique nécessairement à une couverture composée de feuilles entières. Toute réserve est donc faite d'avance relativement aux couvertures dont les feuilles sont plus ou moins fractionnées.

Fournitures accessoires :

Pour agrafure de rive, 3 pattes en zinc de 0.14 × 0.04, à 0f 02 l'une..........	0f 060	
Pour agrafure de tête, 2 autres pattes de 0.10 × 0.08, à 0f 03 l'une..........	0 060	
Pour agrafes de tête, 6 clous, à 1f 50 le mille..........	0 009	
Clous, calottins, vis, languettes, gaines, brides, soudure, charbon, etc., pour fixer les couvre-joints..........	0 090	
	0 219	0 225
Déchet 1/40..........	0 006	

Main-d'œuvre :

Façon de feuille et de couvre-joint, montage, pose, ajustement, clouage et soudure :		
1 heure 15 minutes de compagnon et aide, à 1f 07 l'heure..........	1 338	1 538
Faux frais, 15 p. 100 de la main-d'œuvre..	0 200	
		1 763
Bénéfice 1/10..........		0 176
Ensemble..........		1 939

Soit pour une feuille de 2.00 × 0.80, produit..........	1m600
Plus 1m95 de couvre-joint de 0.10 de large, produit..........	0 195
Surface en œuvre..........	1 795

$\frac{1.939}{1.795}$ produit pour un mètre superficiel.......... 1 08

449. *Couverture*, idem, *mais en feuilles de* 2m00 × 0.65.

Fournitures, comme pour feuilles de 0.80 de large, déchet, *idem*		0f 225
1 heure 10 minutes de façon	1 250	1 437
Faux frais	0 187	
		1 662
Bénéfice 1/10		0 166
Ensemble		1 828

Soit pour une feuille de 2.00 × 0.65	1 300
Plus 1m95 de couvre-joint de 0.10 de large.	0 195
Surface en œuvre	1 495

$\frac{1.828}{1.495}$ produit pour 1.00 superficiel 1 22

450. *Couverture*, idem, *mais en feuilles de* 2.00 × 0.50.

Fournitures et déchet, comme pour feuilles de 0.80 de large		0f 225
1 heure 5 minutes de façon	1 159	1 333
Faux frais	0 174	
		1 558
Bénéfice 1/10		0 156
Ensemble		1 714

Soit pour une feuille de 2.00 × 0.50	1 000
Plus 1m95 de couvre-joint de 0.10 de large.	0 195
Surface en œuvre	1 195

$\frac{1.714}{1.195}$ produit pour 1.00 superficiel 1 43

Couverture en zinc remanié, y compris découverture, mais sans descente ni rangement ailleurs que sur le tas.

451. En feuilles de 0.80 de largeur 1f 40

452. En feuilles de 0.65 de largeur 1 50

453. En feuilles de 0.50 de largeur 1 60

PLUS-VALUES.

454. Talon de couvre-joint fourni et soudé 0 20

455. Raccords d'angles pour façon et soudure au droit des cheminées, châssis, et sur tous autres reliefs saillants ou rentrants, sans goussets 0 25

456. Raccords d'angles, *idem*, avec goussets 0 30

457. Évidements de zinc au droit des vides déduits, et coupes biaises partout où elles se trouvent, le mètre linéaire 0 25

458. Une surface de comble ne contenant jamais un nombre entier de feuilles pleines, il faut bien s'attendre à l'emploi de fractions de feuilles pour complément de travées, arêtiers, croupes, etc., mais toute couverture dans laquelle il entrera plus d'un dixième de feuilles débitées donnera lieu à une plus-value de 0f 10 par mètre superficiel applicable à la surface couverte de fractions de feuilles, ci 0 10

459. Toute couverture dans laquelle il entrera plus d'un cinquième de feuilles débitées donnera lieu à une plus-value de 0f 20, applicable seulement à la surface couverte de fractions de feuilles, ci 0 20

460. Toute couverture entièrement composée de feuilles débitées (pour lucarnes, par exemple) donnera lieu à une plus-value à évaluer d'après le travail, ci .... Observat

Découverture en zinc avec descente et rangement.

461. *Sans dévoligeage.*

8 minutes de façon, à 1f 07 l'heure.......	0f 143	0 164	
Faux frais, 15 p. 0/0..................	0 021		
Bénéfice 1/10....................		0 016	
Valeur........			0 18

462. *Avec dévoligeage.*

15 minutes de façon à 1f 07 l'heure.......	0 268	0 308	
Faux frais 15 p. 0/0..................	0 040		
Bénéfice 1/10....................		0 031	
Valeur........			0 34

463. *Papier goudron.*

Le mètre superficiel, compris pose........................ 0 25

Bannes goudronnées (le mètre superficiel)

464. En location, pour chaque jour.......................... 0 016

465. Pour montage, pose, dépose, descente et double transport, le mètre superficiel.................................. 0 200

Marches en zinc fondu.

466. Fournies seulement............................le kilogr. 1 25

467. Posées, sans soudure............................ id... 0 20

468. Posées et soudées au pourtour..................... id... 0 45

469. *Godets en zinc fondu.*

Fournies, posés et soudés, la pièce....................... 1 30

470. *Papier goudron.*

Au poids sans pose, le kilogramme....................... 1 10

471. *Vieux zinc repris en compte.*

Eu égard au transport et aux faux frais occasionnés par le chargement et le déchargement, 40 p. 0/0 du prix du zinc neuf.. Observat.

PLOMBERIE

PRIX DE BASE

472. *Journée de compagnon plombier (été et hiver).*

Déboursé	6^{f} 000	6 900	
Faux frais 15 p. 0/0	0 900		
Bénéfice 1/10		0 690	
Valeur			7 590

473. *Journée de garçon plombier.*

Déboursé	4^{f} 000	4 600	
Faux frais, 15 p. 0/0	0 600		
Bénéfice 1/10		0 460	
Valeur			5 060

Journée de plombier et aide en attachement............... 12 650

Fourniture de plomb en table et en tuyau.

474. Au cours du jour, diminué de 3^{f} 00 pour 100 kilogr. et augmenté de 10 p. 0/0 pour bénéfice.

475. Le prix du plomb en tuyaux de 0.013 à 0.020 de diamètre, 5^{f} 00 par 100 kilogr. en sus.

476. En tuyau de 0.010 de diamètre, 10^{f} 00 en sus.

477. L'emploi du plomb en table donnera lieu à une allocation de 1/40 pour déchet lorsque la fourniture sera comptée en œuvre.

478. *Vieux plomb pour échange ou pris en compte.*

Le poids effectif, diminué de 4 p. 0/0 pour déchet de fonte et façon, même prix que le cours du plomb neuf moins 3^{f} 00 pour 100 kilogr. de remise, et 11^{f} 50 de bénéfice, transport et faux frais.

Sous-détail :

Vieux plomb repris, poids brut	100^{k} 00	Cours du plomb neuf, les 0/0 k^{o}.	60^{f} 00
Déchet de fonte et façon..	4 00	Remise 3^{f} 00	3 00
		Prix net	57 00
Poids net	96 00	Échange	10 00

Mais l'échange étant également payé par l'entrepreneur au fabricant, il convient d'ajouter pour transport, chargement, déchargement, faux frais et bénéfice.......... 1 50 } 11 50

Valeur........... 45 50

Soit pour 96 kilogr........................ 43 68

L'échange du plomb traité par la Série de la Ville ~~de Paris~~ n'a donc jamais rapporté le bénéfice légal aux entrepreneurs. Pour rendre désormais cette opération équitable, on portera :

Plomb pour échange, le kilog.................... 0 115

Paris.—Imp. de Cosse et J. Dumaine, rue Christine, 2.

www.ingramcontent.com/pod-product-compliance
Ingram Content Group UK Ltd.
Pitfield, Milton Keynes, MK11 3LW, UK
UKHW020310220726
13923UKWH00003B/1061